多重迷走神經

•

找回安全感與身心治癒的全新途徑

——暢銷增訂版——

The Pocket Guide to the Polyvagal Theory:

The Transformative Power of Feeling Safe

史蒂芬・W・波吉斯（STEPHEN W. PORGES）

著

・

謝汝萱

譯

健康smile 107

多重迷走神經·找回安全感與身心治癒的全新途徑（暢銷增訂版）

The Pocket Guide to the Polyvagal Theory: The Transformative Power of Feeling Safe

原書作者　史蒂芬·W·波吉斯（Stephen W. Porges）
譯　　者　謝汝萱
特約編輯　王舒儀
封面設計　柯俊仰
主　　編　劉信宏
總 編 輯　林許文二

出　　版　柿子文化事業有限公司
地　　址　11677 臺北市羅斯福路五段 158 號 2 樓
業務專線　（02）89314903#15
讀者專線　（02）89314903#9
傳　　真　（02）29319207
郵撥帳號　19822651 柿子文化事業有限公司
投稿信箱　editor@persimmonbooks.com.tw
服務信箱　service@persimmonbooks.com.tw

業務行政　鄭淑娟、陳顯中

首版一刷　2023 年 5 月
二版一刷　2024 年 6 月
定　　價　新臺幣 580 元
I S B N　978-626-7408-46-9

國家圖書館出版品預行編目 (CIP) 資料

多重迷走神經．找回安全感與身心治癒的全新途徑（暢銷增訂版）/ 史蒂芬．W．波吉斯（Stephen W. Porges）著 ; 謝汝萱譯 .
-- 一版 . -- 臺北市 : 柿子文化事業有限公司 , 2024.06
面 ;　公分 . -- (健康 smile ; 107)
譯自 : The Pocket Guide to the Polyvagal Theory: The Transformative Power of Feeling Safe
ISBN 978-626-7408-46-9(平裝)
1.CST: 生理心理學 2.CST: 情緒
172.1　　113007603

聲明

臨床實踐與方案的標準會隨著時間改變，沒有哪種技術或建議能確保在任何條件下都安全或有效。本書的用意是為心理治療與心理健康領域的專業人士，提供一般的資訊來源；它不能取代妥善訓練、同儕審閱，和／或臨床視導。出版商與作者也無法保證內容完全精確、有效，或適合在任何方面用來進行特定建議。

推薦

【專家推薦】

從以往的學習經驗上，我們都只知道自律神經包含交感神經和副交感神經，而且這兩個部分是相互對立抗衡的，但是以這樣二維式的想法，卻無法很好的解釋我們在臨床上觀察到的現象，而「多重迷走神經論」彌補了這個部分。它從演化的角度及解剖上的證據，提供了我們更多的觀點，來理解患者遭遇的問題，也提供臨床工作者可以切入的新方向。

日常上，醫師和患者溝通時，常用到「自律神經失調」這個名辭，其實這是很含糊的概念。有時它代表著交感神經過度旺盛，例如恐懼、焦慮、心悸、戰逃反應；有時它又代表著副交感神經過度反應，例如腸躁、創傷後壓力症候群、關閉反應。常常我們習慣以藥物來抑制神經系統過度高亢的狀況，然而隨著「多重迷走神經論」的想法出現，我們寄望能從更高階的腹側迷走神經下手，讓它活化起來，透過它來調控交感神經系統，及較原始的背側迷走神經系統。這個新的腹側迷走神經是哺乳類特別演化出來的部分，深植在我們的神經控制裡，我們的生理、心理都默默受其影響，也因為有了它的調節，哺乳類才能夠有良好的社交互動，才能夠好好的生存下來。所以，當腹側迷走神經無法當家，無法發揮功能時，也產生了很多現代人的問題。

本書透過某些疾病的成功應用，不禁讓人思考，若我們能透過各種方法，不論是聲音、表情、動作、人際互動來活化它，讓它重新回到自律神經的上位階，就能大大的幫助我們，從根本上來調控這些自律神經的表現。雖然目前仍有很多疾病，包括慢性疼痛的患者，還找不到一個相對應「多重迷走神經論」的具體治療做法，但「多重迷走神經論」確實提供了我們另一個新的研究和治療方向！

——**汪清明**，弘達診所疼痛專科醫師

身為一個身體工作者，某次在社群上偶然聽到「多重迷走神經論」，還記得當時討論的議題是「為何我們所做的會造成情緒以及其他奇妙又難以解釋的改變」，當下沒有特別關注，但「多重迷走神經論」這個名詞已經在心中留下了印象。幾年後，當我在進行文獻回顧，偶然看見波吉斯的論文，這次我沒有讓機會流去，開始閱讀論文，於是開啟了一扇全新的門。

關於「多重迷走神經論」的細節，就留給專家來解釋就好，我想分享的是我的故事與角度。「多重迷走神經論」提供了一個全然不同的觀點，讓我能夠重新檢視到目前為止生命中的各樣事件。我的憤怒並非錯誤，不是「需要被消滅的感受與行為」，而是身體為了生存所做出的反應與策略。

想像一個兩歲的孩童，被保母反鎖在黑暗的浴室裡，無法逃離，只能用憤怒的拳頭敲打著無法打開的門……而這樣的策略，隨著年齡成長，在與團體互動時遭受的評價，進一步導致更多的策略產生，我嘗試壓

抑情緒，切斷感受，努力在別人的評價以及對自己情緒與行為的羞恥感中前行。直到「多重迷走神經論」提供我不同的說故事方式。

過去的種種，如同獲得了救贖，不夠好、不應該、愛生氣、缺乏社會化……各樣的標籤隨著新詮釋的出現，一個個從身上掉落。只有當身體感覺到安全，改變與療癒才會發生！不同自律神經狀態間的和諧與調控，讓我們有能力在面對不同的情境與危機時，能夠感受安全與表達愛。

波吉斯博士的理論提供了古老醫者智慧科學化的解釋，也銜接了身體與心靈間的巨大鴻溝。只有感受到安全，我們的神經系統才會放下防禦，開始與人互動與社交，而療癒也能隨之而來。邀請你也踏上這趟旅程，理解自己的神經系統，理解其運作的方式與情境，從自己開始，找到安全感，然後將故事分享出去。

——**尚恩典**，物理治療師

你會怎麼信任一個人?或許你會說「談一談就知道」。是的，但那需要許多時間，才會逐漸建立對某個人的信任。嚴格來說，那是大腦認知面的運作，從累積的經驗/資料裡綜合判斷是否可信，是「我思故我在」。

可人是情緒與社交的動物，在初次見面時他已能「感覺到」與對方合不合拍，當下要聊多少、聊多深。這些類似直覺的部分，是本書所談的「神經系統」，是身體各式生理回饋幫我們在社交互動中確認對方狀態，並藉以調適各種壓力危機。

作者從心理生理學的觀點提醒我們，神經系統是一條「從下而上」的古老路徑，愈能關注身體反應，就愈有憑據地讓腦部高層能力組織運用，知道自己該怎麼做，然後開始敘說自己。

讓人耳目一新的是，作者以神經心理模型解釋了何為「社會參與系統」，也就是一般所謂的「社交」——兩人「面對面」地雙向動態溝通，運用注視（臉部表情）、聆聽（聲調）、感受（共感）另一方的當下，同時表現身體語言與情緒信號，形成社交互動。你從他人的聲調、臉部表情、手勢、姿勢中，推知對方的狀態與心裡意圖，然後決定是否進行社會連結（安全感），而其實，在你和某人一起吃飯時，便已然是在進行社交了。

社交大多不是從學習獲得的「技巧」，而是互動中由鏡像神經元自動模仿的一套程序，是從小與照顧者的依附關係下的學習結果。

另一個重點是談「治癒創傷」，創傷是客觀事件，「創傷反應」是身體保護自己的安全模式，是天性，當人們不再評判當初如何無能，而是接納與感激讓我們活下來的神經系統，當開始平靜後，才能與他人重新連結，不再因孤立與拘束而有不安全感，最後以知識解構那些傷害我們的創傷事件的神祕面紗。

近年大眾關注治癒創傷，心理學家榮格（Jung）在「心理類型」中也提到「理智」與「情緒」是對立不通的甬道，無法直接化解，要靠處於側翼的身體面協助調整，於是更多強調身體動能的療法，如完形治療（身體雕塑、心理劇）、眼動療法（生物回饋程序）、觸摸擁抱等，幫助人們從身體面得到釋放，再回到意識面連結關係與產生安全。

本書讓我們關注「外顯的身體訊號」如何做為中介變項，以促使自己對他人做出反應，「感覺安全」是最重要的事，彼此才能在關係裡共同調節，讓成功的社交關係帶來安全感，治療也才能展開。

——**林仁廷**，諮商心理師

很高興柿子文化終於推出了第一位提出「多重迷走神經論」研究者的書籍。開始前，容我簡單介紹自己。我從二〇〇三年開始研究自律神經失調症，並在二〇一〇年成立自律神經失調症協會。正是這二十年來、協助十四萬人解決健康困擾的臨床經驗，所以，我很樂意於推薦本書。

這本書深入探討多重迷走神經各種面貌，特別是針對創傷後引起的症狀。作者提供客觀的儀器數據報告，讓讀者能更全面了解多重迷走神經的作用，而非只透過自身感覺，主觀地提供信息。這本書還解釋了多重迷走神經失調在心理和生理方面的反應，特別是針對那些敏銳、感同身受的人。這本書對研究多重迷走神經有著重要貢獻，誠摯推薦給所有關注此議題的讀者。

——**郭育祥**，中華民國自律神經失調症協會理事長、郭育祥診所院長

非常榮幸獲邀為本書撰寫序言。

這是一本探討如何運用多重迷走神經論於創傷療癒的重要書籍，作者史蒂芬・W・波吉斯博士深入淺出地介紹了這一重要理論的核心概念和應用，並透過豐富的案例和實踐，向讀者展示了如何運用多重神經理論，來幫助我們更好地理解自己和他人的情緒及行為。

做為一位諮商心理學博士和精神科醫師的我，深受這本書的啟發，並學到了很多關於人類心理和生理的知識。多重迷走神經論提供了一個獨特的框架，幫助我們理解壓力反應、創傷後壓力症候群，以及許多與情緒調節和社交行為相關的困難。透過應用多重迷走神經論，我們可以更好地幫助患者和個案處理這些困難，促進他們的身心健康和有意的社交互動。

本書的特點之一是它的實用性。作者不僅提供了詳盡的理論和科學解釋，還有豐富的案例和實用技巧，幫助讀者更好地應用多元迴路理論，來改善自己的生活和工作。我相信，這本指南將對臨床心理學家、醫師、老師、社工師、教育家等專業人士非常有幫助，也能謂那些對多重迷走神經理論感興趣的讀者和非專業人士提供了有價值的知識和指導。

我認為這本指南是一本重要的書籍，我強烈推薦它。我相信它將對讀者們的生活和工作產生深遠的影響，並為我們提供更多幫助和理解。

——**陳偉任**，凱旋醫院神經精神科主任

【國際佳評】

在本書中，史蒂芬・W・波吉斯成功以解構的藝術拆解了晦澀的科學概念，使其對病患、臨床醫師、一般讀者都同樣一清二楚，而僅有少數研究者能做到這點。

這位創新天才生動道出了多重迷走神經論的精妙，跟著他友善的聲音，我們對自律神經系統如何影響人類行為有了新的理解，同時獲得各種難題的神經生物學解釋。你會發現，患者尋求治療的諸多疑難雜症，突然產生了生物學意義，也會循著由下而上的地圖，發現治療上述問題的種子。請閱讀本書，讓關乎人類處境的革命性觀點啟發你，它將為你的人生、人際關係、臨床實踐，帶來深遠的正面影響。

——**帕特・奧登（Pat Ogden）博士**，美國科羅拉多州波德市感覺動作心理治療學院創辦人／教育主任

史蒂芬・W・波吉斯博士不僅為過去五十多年來對神經系統的理解做出了最深遠、最有啟發性的貢獻——也是最實用的貢獻之一。

任何研究或嘗試治療他人者，都能從他的洞見中獲益。波吉斯協助破解臉部密碼，促使我們深入認識神經系統、臉部表情、身體感覺的關係。針對臉部表情與情緒的關係，過去曾有達爾文及艾克曼的傑出研究，波吉斯則將其發現轉向體內，連上神經系統。他的貢獻具有立即的臨床意義，這是特別的地方，他的原則與

發現引導我們思考要如何、何時去介入最具挑戰性的臨床狀況，開啟了新型治療的可能性。過去數十年來，他是一位向科學家說話的科學家。

現在，在這本清晰易懂的著作、同時是其理念的理想介紹中，我們看見了與這位高人對話是什麼樣子。這是各類臨床醫師的理想讀物，也是任何人想深入理解自身與親友的神經系統時的理想讀物。

——**諾曼・多吉（Norman Doidge）醫學博士**，《改變是大腦的天性》（The Brain That Changes Itself）、《自癒是大腦的本能》（The Brain's Way of Healing）作者

【具名推薦】

洪仲清，臨床心理師

留佩萱，美國諮商教育與督導博士

CONTENTS

謝辭

多重迷走神經論是脫穎自我的研究，以及我在一九九四年十月八日提出的見解。那一天在亞特蘭大，我在心理生理學研究學會的會議陳詞中，描述了多重迷走神經論的模型及理論含意，當時我還未意識到它會廣獲臨床醫師接納。

我之所以提出多重迷走神經論概念，是為了讓研究界能有一個研究可試驗假設的結構；與我最初的預期一致，這個理論對科學界產生了影響，至今已獲數千份經同儕審閱的不同學科代表出版品引用，然而，多重迷走神經論的主要衝擊在於，它為體驗過創傷的個人描述的幾種親身經驗，提出了可信的神經生理學解釋，對他們而言，這個理論有助於他們理解自己的身體是如何重新調整以因應生命的威脅，並失去重返安全狀態的彈性。

有幾個人在當中扮演了重要角色，協助我將理念轉譯成條理更分明的理論。

首先，我要感謝我的妻子蘇・卡特（Sue Carter），過去四十年來，她聆聽、見證、分享日後成為多重迷走神經論的概念。蘇的標竿性著作發現了催產素在社會紐帶中的角色，她對社會行為的神經生物學有著極大的興趣，有助於我專注思考自律神經系統與生理狀態不僅在健康方面，也在社交行為方面扮演的角色。

沒有蘇的長久支持、愛、求知欲，就發展不出多重迷走神經論，我真心感激蘇的貢獻。

我和多數治療並研究創傷的同事們不同，創傷不是我的研究焦點，也不是我的理論計畫的一部分，如果沒有創傷學家對多重迷走神經論的興趣，它就無法入場，為創傷治療做出奉獻。它的入場許可要歸功於創傷學的三位先驅：彼得・拉文（Peter Levine）、貝塞爾・范德寇（Bessel van der Kolk）、帕特・奧登，我要誠心承認他們影響了我的著作，他們也慷慨歡迎我加入他們的旅程，理解並修復創傷帶來的破壞性效應。透過他們協助病患的熱情、他們對學習的付出、他們對經歷創傷到復原這段過程的求知欲，他們將這個理論的洞見納入了其治療模型。

透過彼得、貝塞爾、帕特的牽線，我參與了數十場創傷會議與工作坊，透過這些互動，我對創傷的破壞性效應如何深入影響了一大部分的人有了更進一步的認識。我逐漸意會到，創傷的倖存者在人生中往往沒有機會理解自己身體對創傷的反應，或重拾他們調節及共同調節其生理與行為狀態的能力。這些人在討論自身經驗時多半會受到二度傷害，往往有人會譴責他們不戰也不逃，其他人則因為身體傷害不明顯但心理卻沒有復原，而受到責備。

我也想對西奧・基爾多夫（Theo Kierdorf）在我成就本書時的貢獻表示感謝。根據與臨床醫師的訪談稿來寫書的點子，正是西奧提出的，西奧不僅是本書德國版的譯者，也是選取、編輯、組織本書大部分材料的積極參與者，我真心感謝他的洞見，以及他將我說的話與書寫依主題組織成書的能力。西奧與我合力促成了多重迷走神經論的德文初步介紹，類似於這段合作，他也教會我理解，為紀錄而寫與為溝通而寫有何不同；身為科學家，我的焦點始終是紀錄，透過我與西奧的互動，我對如何形塑科學書寫來促進溝通，有了更多認識，我很感激西奧對本書的貢獻，以及他使多重迷走神經論更淺顯易懂的真誠付出。

我還要特別感謝諾頓出版社的編輯黛博拉·馬穆德（Deborah Malmud），感謝黛博拉很有耐心地將我的草稿轉化為多重迷走神經論的可讀媒介。

前言

為何做成一本對話書？

《多重迷走神經論：情緒、依附、溝通和自我調節的神經生理基礎》出版時，為統整這個理論的科學基礎提供了媒介。該書有助於臨床醫師及其他專業人士熟悉多重迷走神經論的觀點，理解其為人類行為提出的新概念與新洞見，其觀點強調身體中的心理經驗與生理表現之間的重要連結。那是寫給科學家讀的艱澀著作，是一本編輯論文集，蒐羅先前發表於科學期刊與學術著作的文章，使人因此較容易接觸到有可能埋沒在專門文獻中的文章，所以我很高興那本書能從默默無名的科學出版品中脫穎而出，因為科學出版品印量有限，要發行給亞馬遜書店等公開管道也所費不貲。

我寫那本書的目的，是要將論文資料整合為多重迷走神經論的大全，但出版後的發展卻出乎我預料，我驚訝地發現，那本書銷量甚佳，許多不同學科的專業人士都讀過，它被譯成德、義、西、葡等語言出版，有助於點燃人們對多重迷走神經論的興趣，我因此參加了多場網路研討會，獲邀在多個國家的大會中發表。這種對多重迷走神經論的興趣也帶來了需求：讓它對臨床醫師及病患變得更為淺顯易懂。

人們時常告訴我這本書很艱澀（難懂），同時也告訴我，聽我演講讓這些概念變得好懂多了，我自然地回應說，演講時我的目的是溝通，而寫論文時，我的目的是在科學出版品的規範下傳達數據與概念。

過去數年來，我在多位臨床醫師的敦促下逐漸明白，自己有責任將多重迷走神經論的厚重內容解構成更淺顯的書寫風格。本書就是這類敦促下的產物，面對轉譯的問題，我的做法是回頭檢視幾場訪談的逐字稿，既然那些訪談是臨床醫師主持的，我的回應便理所當然的聚焦於臨床應用。

本書在各篇訪談前有一篇詞彙表，是為了讓讀者熟悉多重迷走神經論的建構基礎與概念。訪談經過編輯，改善了其完整與明晰度。後續各章訪談的格式為臨床上溝通多重迷走神經論的相關特性，提出了自然、非正規的媒介，選取這些訪談，是為了使臨床醫師了解神經系統是如何適應種種挑戰，讓治療師能從中開發治療策略，透過社交互動來重建生物行為的調節。

逐字稿均經過編輯，以減少冗贅，保持討論不失焦。在某些地方，我的回應會偏長，為的是鉅細靡遺地釐清概念。讀者會注意到，有幾個主題並沒有因為重複而刪除，反而放進了不同訪談的脈絡來討論；將多重迷走神經論的核心概念重新引進不同脈絡，帶來了拓展其意義與臨床相關性的機會。

為何聚焦於對安全感的追求？

我在臨床界的曝光，激勵了我以更深入淺出的方式來傳達多重迷走神經論的相關新觀點。我的談話聚焦於自律神經系統的功能調節，在這個神經框架❶上，我們可以對各類適應行為做出更有效率的表述。多重迷走神經論強調，演化提供了一個組織原則，使我們能辨認出促進社交行為及兩種防禦策略的神經回路：與戰鬥或逃跑有關的主動（mobilization）策略，以及與躲藏或裝死有關的非主動（immobilization）策略。系統發展上最晚近的哺乳類動物回路產生了社交行為，它是由臉—心連結所界定，在這個連結中，頭臉部橫紋肌的神經調節在神經生理學上是連接著心臟的神經調節。依據多重迷走神經論，**臉—心連結為人類與其他哺乳類提供了一個整合的社會參與系統，能偵測並透過臉部表情及發聲投射「安全」的特徵給同種動物知悉，而那些表情及聲音是自律神經狀態的共變項❷**。在這個模型中，我們如何看、聽、發聲，在在傳達著能否讓人們感覺可安全靠近我們的訊息。

最近我參與了一場網路研討會的訪談，會後聽眾在部落格上發表評論，我讀他們的評論時，意會到他們是以超越科學複雜性的語言來理解多重迷走神經論。儘管我接受的是科學家的訓練，以實事求是的方式書寫科學文章，但網路研討會的隨興對談，為傳達這個理論的本質提出了一個有效易懂的媒介。一個鐘頭長的訪談經過聽眾處理後，精鍊為一則簡單的訊息：**追求安全是人生成功的基礎。**

---

❶ 神經框架，Neural platform，意指人類為對應危險而做出的種種適應行為，皆是在以神經為基礎的框架上運作的。

❷ 實驗中牽涉了大量的變項，其中，「自變項」為實驗者所操弄的變項——通常為研究人員想要推測的原因，「應變項」為隨著自變項改變的變項，「共變項」是無法直接操控但可能影響因果關係的變項；此外，除了自變項能對應變項產生直接影響，「中介變項」也會對應變項產生間接影響。

撰寫本書時，我希望強調安全感是治療過程的重要組成，扮演著重要角色。從多重迷走神經論的觀點來看，**安全感不足會形成一種關鍵性的生物行為特徵，進而導致身心疾病。**我誠心希望人們深入理解，我們對安全感的需要，將帶領我們邁向新的社會、教育、臨床策略，使我們在邀請他人進行共同調節以追求安全時，變得更有包容力。

重要的詞彙表

適應行為（Adaptive Behavior）

多重迷走神經論強調行為的適應功能，聚焦於行為對調節生理狀態的影響。這種觀點所依據的演化模型是，如果行為能促進生存、將苦難減至最低，或能影響生理狀態而促進最佳健康、成長與復原，它就是一種適應行為。

然而，有時一開始展現適應性的行為，後來反而會變成適應不良，舉例來說，起初在威脅期間能促進存活率或將苦難降至最低的急性行為，在沒有威脅的情況下仍被習慣性地運用時，反而會成為適應不良的行為，因為它無法促進最大存活率，反而有害生理功能，加深痛苦。在威脅生命的情境下，創傷或許會造成一開始具適應性的反應（如非主動行為與昏厥），但如果在威脅性不那麼高的情境下仍反覆出現或僅略為修正這類行為（如解離），反而會成為適應不良的行為。

傳入神經（Afferent nerves）

多重迷走神經論聚焦於從內臟器官傳送訊息到腦部的一組傳入神經纖維，這些路徑也稱為感覺神經（sensory nerves），因為它們從器官傳送信號，告知腦幹該器官目前的調節結構。

焦慮（Anxiety）

焦慮的界定經常來自心理學（恐懼或不安的情緒性感受）或精神醫學（如焦慮症）的觀點，多重迷走神經論則偏向以心理感受底下的自律神經狀態來定義焦慮。多重迷走神經論假設，當交感神經系統及社會參與系統（見45頁）的活化同時受到腹側迷走神經回路所調降，這樣的自律神經狀態便會產生焦慮。

依附（Attachment）

依附是一種心理建構，反映兩個個體之間的強烈情感連結，如母子關係。

多重迷走神經論聚焦於顯現在社會參與系統（見45頁）中、促使依附發生的安全特徵。抑揚頓挫的語氣、明確的臉部表情、歡迎的手勢等，能透過神經覺（見38頁）觸動安全與信任的感受，這些感受會在社會參與系統活化時自動出現。

自閉症（Autism）

自閉症類群障礙（Autism spectrum disorder, ASD）是一種複雜的精神醫學診斷，囊括與人有關的溝通問題與困難。多重迷走神經論聚焦於觀察ASD的診斷是否包含反映出社會參與系統（見45頁）受挫的特徵。許多ASD患者的聲音因此而缺乏抑揚頓挫，有聽覺超敏反應、聽覺處理困難、不做良好的眼神接觸、臉部表情平板——臉的上半部尤其如此，此外還有嚴重的行為狀態調節困難——往往顯現為脾氣暴躁。

多重迷走神經論聚焦的不是這些問題的前因，而是從樂觀的角度假設，在ASD患者身上觀察到的諸多社會參與系統受挫的特徵，或許可以透過理解神經系統是如何經由神經覺對安全信號做出反應來逆轉。根據多重迷走神經論而提出的介入策略只強調社會參與系統的重新參與，而除了受挫的社會參與系統，多重迷走神經論不對 ASD 的特徵提出其他相關假設。

自律神經平衡（Autonomic balance）

這個概念是用來表示自律神經系統中的交感神經與副交感神經之間的平衡。雖然有幾個器官接受著兩者的支配，但在自律神經平衡的線性累加模型中，兩種神經的影響同樣巨大。

舉例來說，由於交感神經系統會增加心率，副交感神經系統會透過迷走神經（副交感神經系統的主要神經組成）減少心率，因此高心率會解釋成是自律神經平衡偏向交感神經興奮的表現，相對的，低心率則解釋成偏向副交感神經的興奮。

雖然自律神經平衡是常用詞彙，但往往是用來指出自律神經系統的功能失調（如非典型自律神經平衡）。從多重迷走神經論的觀點來看，聚焦於自律神經平衡，會模糊掉系統發展次序上的反應層級（自律神經系統對挑戰做出反應的層級）的重要性。

依據多重迷走神經論，社會參與系統與有髓鞘腹側迷走神經路徑啟動時，會出現一個獨特的自律神經狀態，以膈下器官的調節支持著最佳的自律神經平衡；這種透過交感神經與無髓鞘背側迷走神經路徑而達到的膈下器官最佳自律神經平衡，是腹側迷走神經路徑活化後的產物。由於自律神經反應具有層級性，腹側迷走神經路徑的活化能使自律神經系統的兩大神經調節膈下器官，使其不做出防禦反應。

自律神經系統（傳統觀點）

自律神經系統是神經系統的一部分，在無意識覺知的情況下調節著體內器官，這個名稱反映出此調節是以「自動」的方式發生。

傳統定義將自律神經系統區分成兩個次要系統：交感神經系統與副交感神經系統。傳統觀點強調交感神經系統與副交感神經系統通往目標器官的運動路徑有對立影響，並不強調從器官通往腦部的感覺路徑，或是調節著感覺與運動路徑、為體內器官與腦部提供雙向溝通的腦幹區。

自律神經系統（多重迷走神經論觀點）

多重迷走神經論聚焦於迷走神經，它是副交感神經系統的主要部分。迷走神經是第十對腦神經，連接數個腦幹區與幾個內臟器官。該理論強調迷走神經的兩種運動（傳出）路徑的不同，各源自腦幹的不同區（背側迷走神經核（見32頁）與疑核（見39頁））。來自背側迷走神經運動核的主要運動路徑（背側迷走神經）是無髓鞘路徑，終止於橫膈膜下方的內臟器官（膈下迷走神經）；來自疑核的主要運動路徑（腹側迷走神經）是有髓鞘路徑，終止於橫膈膜上方的內臟器官（膈上迷走神經）。

多重迷走神經論對自律神經系統採用更包容的定義，納入感覺路徑，強調調節自律神經功能的腦幹區。該理論將腦幹對腹側迷走神經的調節連上對頭臉部橫紋肌的調節，從而產生了一個整合的社會參與系統（參見圖一（46頁）、「腹側迷走神經叢」（50頁）、「社會參與系統」（45頁））。

相對於傳統模型，多重迷走神經論不聚焦於自律神經對內臟器官的長期影響，而是強調自律神經的反應性。多重迷走神經論接受傳統模型將自律神經對內臟器官的長期影響詮釋為迷走神經路徑與交感神經路徑的對立總和，然而，多重迷走神經論提出系統發展次序層級的概念，其中自律神經的各次系統會依其符合退化（見32頁）原則的演化史，逆向對挑戰產生反應。

多重迷走神經論的假設是，腹側迷走神經與相關社會參與系統的功能發揮到極致時，自律神經系統便能支持著健康、成長與復原，在這種腹側迷走神經狀態下，交感神經系統與通往膈下器官的背側迷走神經路徑之間會有著最佳的「自律神經平衡」。

當腹側迷走神經的功能衰退或減弱，自律神經系統會發揮最大功能來支持防禦而非健康。依據多重迷走神經論，這些防禦反應可能顯現為交感神經活動的增加，阻斷背側迷走神經的功能以提升戰鬥與逃跑行為的主動策略，或是顯現為一種生物行為上的關閉狀態（見30頁），表現成交感神經活性的壓抑及背側迷走神經影響的增加，進而造成昏厥、排糞、運動行為抑制等哺乳類裝死時的常見反應。

自律神經狀態（Autonomic state）

在多重迷走神經論中，自律神經狀態與生理狀態是可互換的概念。多重迷走神經論描述三種為自律神經狀態進行神經調節的主要回路：腹側迷走神經路徑、背側迷走神經路徑、交感神經路徑，選擇性地調節這些狀態。

自律神經狀態即反映著上述路徑的活性。

大體而言，為特定狀態提供主要神經調節的各回路各有其焦點，因而有支持社會參與行為的腹側迷走神經回路、支持主動防禦（戰鬥／逃跑）行為的交感神經系統，與支持非主動防禦行為的背側迷走神經回路。

然而，在腹側迷走神經回路與社會參與系統（參見「自律神經平衡」〔24頁〕、「社會參與系統」〔45頁〕）的活化下，自律神經狀態能支持非防禦性的主動與非主動行為，因此，藉由結合社會參與系統與交感神經系統，便有機會激發主動行為，但不進入防禦反應；從玩耍中便可觀察到，攻擊性動作會受社會參與行為克制。同樣的，社會參與系統結合背側迷走神經回路時，安全的信號（如富抑揚頓挫的聲音、臉部表情）能促使非主動行為發生，而不會產生防禦反應（如關閉、行為崩潰、解離），這在親密關係與彼此信任的關係中可觀察到。

而透過社會參與及主動與非主動行為的結合，這三種自律神經回路支持著五種與不同行為類別有關的狀態：社會參與、戰鬥／逃跑、玩耍、關閉、親密。

生物命令（Biological imperative）

生物命令是指有機活體延續生存的種種需要，經常包括保命、地盤、健康、生殖等。多重迷走神經論強調，與他人連結的需要是人類的主要生物命令，該理論強調，透過連結，生理會在共同調節中促進最佳身心健康。它聚焦於社會參與系統在啟動與維持連結及共同調節上扮演的角色。

生物粗魯（Biological rudeness）

神經系統的演化預期，社會參與系統藉由腹側迷走神經調降自律神經系統的防禦時，他人會與我們彼此互動，而當這種神經期待（neural expectancy）因為忽視社會參與系統或遭遇敵意反應而被違反時，自律神經系統會立即出現巨大的改變，轉變成支持防禦的狀態；這種違反經常會造成受傷的情緒反應及受冒犯的個人敘事❸。生物粗魯是一連串過程：由於缺乏自動進入社會參與的互動，因而觸發了自律神經的防禦狀態，最後出現受冒犯的情緒反應，或許還會導致攻擊性反應。

邊緣性人格障礙（Borderline Personality Disorder, BPD）

邊緣性人格障礙是一種精神醫學診斷，包括心情陰晴不定、情緒調節困難等特徵。從多重迷走神經論的觀點來看，心情與情緒的調節牽涉到自律神經系統的神經調節，因此，該理論會提出這類假設：邊緣性人格障礙與社會參與系統受挑戰有關，尤其與腹側迷走神經路徑調降交感神經活性的效率有關。這個假設已經過試驗並有證據支持。

連結（Connectedness）

多重迷走神經論是關於將人類與他人的信任關係，界定為生物命令的社會連結。人類也能感受到與寵物的連結——這類寵物通常是具有相互性之社會參與系統的哺乳類。

共同調節（Co-regulation）

在多重迷走神經論中，共同調節是指個人與個人之間生理狀態的相互調節，舉例來說，在母嬰的雙邊關係中，不僅是母親安撫著嬰兒，嬰兒對母親的聲音、臉部表情、手勢等的放鬆與平靜反應，對安撫母親也有相互的效應；假如母親無法成功安撫嬰兒，她的生理狀態也會失調。共同調節也能延伸到家庭等團體，比方家族成員死亡後，他人的在場通常能支持悲傷者的生物行為狀態。

腦神經（Cranial nerves）

腦神經直接出自腦部，不同於來自脊髓某些部位的脊神經。功能上，腦神經是包含運動路徑與感覺路徑的導管，分別是：嗅神經（第一對）、視神經（第二對）、動眼神經（第三對）、滑車神經（第四對）、三叉神經（第五對）、外旋神經（第六對）、顏面神經（第七對）、前庭耳蝸神經（第八對）、舌咽神經（第九對）、迷走神經（第十對）、副神經（第十一對）、舌下神經（第十二對）。

除了提供路徑與幾個內臟器官進行感覺與運動溝通的迷走神經之外，腦神經主要是為頭頸部區域轉接往來的訊息。

❸ 個人敘事，Personal narrative，指用個人的解讀或觀點來講述發生在自己身上的事件、經歷。

模控學（Cybernetics）

麻省理工學院（Massachusetts Institute of Technology, MIT）數學家諾伯特・維納（Norbert Wiener）創造了「模控學」一詞，來定義動物與機器的控制與溝通的科學。多重迷走神經論則運用模控學的概念，來強調體內及個人與個人之間調節生理狀態的回饋圈。

裝死／關閉系統（Death feigning/shutdown system）

在哺乳類中，神經系統在某些狀況下會重返原始的防禦反應，其特色是顯得毫無生氣。這種防禦模式在爬蟲類、兩棲類等脊椎動物中很常見，是在哺乳類系統出現前演化出來的。然而，哺乳類是氧氣的一大消耗者，而裝死所需要的非主動反應，與血氧能力的降低、無力傳送足夠的充氧血到腦部支持清醒意識有關。這種自律神經功能的大幅降低，是因為背側迷走神經回路的活化降低了呼吸（呼吸中止）、減緩了心律（心跳過緩）。

多重迷走神經論認為，裝死是面臨生命威脅的適應反應，那個當下沒有什麼戰鬥／逃跑的選項——如受監禁或無能力逃脫。在生命受威脅的狀況下，神經系統透過神經覺，可能會回到非主動的古老防禦系統。透過對創傷反應的理解，迷走神經論將焦點放在個體面對生命威脅時的反應，在功能上，此理論將創傷反應詮釋為身體面對威脅時所產生的生理反應——包含了裝死常見的特徵：暈倒（血管迷走神經性暈厥）、排糞、解離等。

憂鬱（Depression）

憂鬱是常見且嚴重的情緒障礙，影響著感受、思緒與行為。多重迷走神經論認為，憂鬱的生理狀態輪廓可以由該理論解釋。那個輪廓包括社會參與系統的調降，以及交感神經路徑與背側迷走神經路徑之間的非典型協調，後者可能會導致以下兩者的擺盪：符合交感神經活性的高度活動能力，以及符合交感神經活動降低、背側迷走神經活動增加的精神萎靡。

解離（Dissociation）

解離是一種失去在場感的過程，導致個人出現斷線體驗，以及缺乏思緒、記憶、環境、動作的連貫性。多數人身上的解離屬於正常心理經驗的範圍，顯現為白日夢，但對其他人而言，解離帶來了諸多破壞，造成個人身分的喪失、關係的嚴重困頓、日常生活功能的失調。創傷史經常與解離的嚴重破壞性效應有關，最終可能被診斷為精神疾病。

多重迷走神經論將面對生命威脅而做出的解離反應，解釋成非主動或裝死防禦反應的一部分。該理論將解離詮釋為一種面對生命威脅挑戰的適應反應，不同於持久的裝死反應造成的效應，它不會降低氧氣與血流等神經生物上的需要。

根據多重迷走神經論，可以假設面臨生命威脅時有幾種漸進反應，從小型哺乳動物的完全關閉狀態、模仿裝死反應的崩潰，到身體完全不動，導致肌肉喪失張力、心智從物理事件中脫離。

退化（Dissolution）

退化是哲學家赫伯特・斯賓賽（Herbert Spencer，一八二〇至一九〇三）引進的概念，用來描述反向的演化。約翰・修林斯・傑克遜（John Hughlings Jackson，一八三五至一九一一）予以改編後，用退化來描述腦部損傷與腦部疾病在功能上類似「去演化」（de-evolution）的過程，在演化上較古老的回路會因此不受抑制。多重迷走神經論改編退化的概念，說明在系統發展層級中，自律神經系統會層層回溯至演化上較古老的回路來進行回應。

背側迷走神經叢（Dorsal vagal complex）

背側迷走神經叢位在腦幹，主要由兩個核構成：背側迷走神經核及孤束核。這個區域整合並協調透過（終止於孤束核的）迷走神經感覺路徑傳送的資訊，以及源自（終止於內臟器官的）背側迷走神經核的運動輸出。孤束核與背側迷走神經核都有與內臟有關的組織，兩種核都與特定區域及特定的內臟器官有關。來自背側迷走神經核的運動路徑提供無髓鞘迷走神經路徑，穿過迷走神經，主要終止於膈下器官；須注意的是，少數無髓鞘迷走神經路徑也可能終止於心臟、支氣管等膈上器官，這可能是早產兒心跳過緩的機制，也與氣喘有潛在關聯。

許多出版品將源自背側迷走神經核的迷走神經路徑稱為背側迷走神經、膈下迷走神經、無髓鞘迷走神經、無作用迷走神經等。

傳出神經（Efferent nerves）

傳出神經是從中樞神經系統（腦與脊椎）傳送資訊到目標器官的神經路徑，也稱為運動神經纖維，因為它們會傳送信號給器官，影響著器官如何發揮功能。

腸神經系統（Enteric nervous system）

腸神經系統是指掌管著腸胃系統功能的網狀神經元系統，位在腸胃系統內層，從食道一路向下延伸，直到肛門。

雖然腸神經系統時常接受自律神經系統的神經支配，但它也有能力自主發揮功能。多重迷走神經論假設，腸神經系統是否能發揮最佳功能，端看受背側迷走神經回路（見32頁）激發的腹側迷走神經回路（見50頁）是否不被用來進行防禦——這種防禦發生在腹側迷走神經回路活化之時。

戰鬥／逃跑防禦系統（Fight/flight defense system）

戰鬥與逃跑行為是哺乳動物主要的主動防禦行為。戰鬥或逃跑所需要的新陳代謝，以交感神經系統的活化為要件。

腹側迷走神經回路的退縮與整合社會參與系統的衰弱，會促進交感神經系統在支持戰鬥與逃跑行為之新陳代謝需要上的活化效率與效用。

心率變異（Heart rate variability）

心率變異反映出心跳之間的時間變化。**健康的心臟不會以持續不變的速度跳動，只有無神經支配的心臟才會以相對穩定的速度跳動。**心律的變化多半是受迷走神經的影響——尤其是透過有髓鞘腹側迷走神經而來的影響，顯現為呼吸性竇性心律不齊（見42頁）；其他影響心率變異的因素可能是來自背側迷走神經。

以阿托品（atropine）阻斷迷走神經對心臟的影響，會去除所有心率變異。

恆定（Homeostasis）

恆定反映出身體是如何透過神經與神經化學過程調節內臟器官，以促進最佳健康、成長與復原。雖然這個詞是來自希臘語，原意是「相同」或「穩定」，但將恆定看成擺盪於一個「設定」點周圍的負回饋（是指系統的輸出會影響系統的輸入，在輸出變動時，所造成的影響剛好與原來變動的趨勢相反；反之，即稱為正回饋。另一種說法是系統在一個條件變化時系統會做出抵抗該變化的行為、變動持續減少。在特定條件下，負回饋會使系統趨於穩定）系統下的產物，更能掌握其意義。

在某些生理系統中，較大的擺盪幅度（即設定點的規律性誤差）是健康的明確指標（如呼吸性竇性心律不齊），在其他情況下則是健康的負面指標（如血壓變異性）。生理系統的擺盪主要是神經與神經化學回饋機制的反映。

內感受（Interoception）

內感受既指意識感受，也指神經系統對身體運作進行潛意識監督的過程。內感受類似其他感覺系統，由四部分構成：

(1)感受體，位在內臟，用來評估內部狀況。
(2)感受路徑，將來自器官的資訊傳送到腦部。
(3)腦部結構，詮釋感覺資訊並調節器官對內部狀況變化做出的反應。
(4)運動路徑，為腦部傳送資訊給器官，並改變器官狀態。

在多重迷走神經論中，內感受是一種過程，提供生理狀態發生改變的信號給腦部。在有危險或安全信號的情境下，內感受會在神經覺過程後出現。內感受可能會造成對身體反應的意識覺知，相反地，神經覺則發生在意識覺知之外。

聆聽（Listening）

聆聽是理解聽覺資訊的主動過程，相對於聆聽，聽（hearing）則是對聽覺資訊的偵測。多重迷走神經論強調中耳結構在加強聆聽與理解人聲上扮演的角色。

聽音計畫療程（Listening Project Protocol, LPP）

聽音計畫療程是一種設計來降低聽覺超敏反應、改善聽覺處理過程、安撫生理狀態、支持自動社會參與的聽音介入手法。這種手法目前又稱為「聽力健康療程」（Safe and Sound Protocol, SSP），僅有專業人士才能透過「整合聽音系統」（Integrated Listening Systems）網站（http://integratedlistening.com/ssp-safe-sound-protocol/）接觸到。

治療聽覺處理障礙的常見科別強調中樞結構在處理言語上扮演的角色，聽音計畫療程的理論則與此不同。此療法理論上是要採用中耳肌的反遮蔽功能，來盡量加強中耳處理人類言語的傳遞功能，進而降低聽覺超敏反應。

它根據的是「操練」模型，以經電腦改編的聽覺刺激來調整傳給參與者的頻率。選擇這些聽覺刺激的頻率特性時，理論上是根據現代技術從背景音中抽出人聲時的相關記錄頻帶與音重。透過下行性中樞機制聆聽人說話時，中耳肌會收縮並加強小骨鏈的剛性，這段過程改變了中耳的轉換功能，能在聽覺環境中有效去除大多數低頻率背景音的「遮蔽」，讓更高階的腦結構能有效處理人聲。假設上，將人聲頻率中的聲波調節成誇張的抑揚頓挫，能啟動並調整中耳肌的神經調節，從功能上減少聽覺超敏反應，刺激自發性的社會參與，藉由增加腹側迷走神經路徑對心臟的影響來安撫生理狀態。

理論上，聲樂的處理是要「操練」中耳肌的神經調節過程，以改善人聲的聽覺處理，代表著正常人類言語範圍的聽覺刺激，會經過調整再呈現給兩耳；這種介入性刺激是透過耳機傳送。這項療程每次六十分鐘，連續進行五天，參與者要在安靜無重大干擾的房間裡，透過 MP3 或 iPod 裝置聆聽，臨床醫師、父母或研究者則提供社交支持，以確保他保持平靜。

中耳肌（Middle ear muscles）

人體內最小的兩條橫紋肌——鼓膜張肌與鐙骨肌，均位在中耳。中耳是位在耳膜與耳蝸（內耳）之間的聽覺系統部分，中耳結構包括三小骨與舒緩小骨鏈剛性的肌肉，這些肌肉緊張的時候，就會加強小骨鏈的剛性，增加耳膜的緊張度，這段過程會改變抵達內耳的聲音特性。內耳會將聲音轉換為神經碼，再傳送給腦部。

中耳肌的緊張，會減少低頻音的影響，從功能上改善處理人聲的能力。中耳肌是由特殊內臟傳出路徑來進行調節（參見圖一〔46頁〕與「特殊內臟傳出路徑」〔47頁〕）。

中耳傳遞函數（Middle ear transfer function）

中耳肌張力改變時，聲波經由中耳結構傳到內耳的過程也會改變。柏格與康特（Borg and Counter，一九八九）描述，中耳肌藉由減少傳遞外在環境中的低頻噪音給內耳，而促進人類言語的抽取。

柏格與康特的模式說明了為何聽覺超敏反應是一種貝爾氏麻痺症的症狀，這種病症的特徵是單邊顏面神經麻痺——包括調節中耳鐙骨肌的神經路徑之麻痺。柏格與康特提出的科學基礎，使我們能檢驗若透過聽音計畫療程（見36頁）來操練重建中耳肌的神經調節過程，是否能改善聽覺處理過程。

中耳傳遞函數的正常化可使心臟迷走神經的調節改善，這段推論是根據波吉斯與路易斯提出的理論模型，並與多重迷走神經論描述的社會參與系統有關。

神經預期（Neural expectancy）

在多重迷走神經論中，神經預期是指神經系統天生傾向預期自發性的社會參與行為會產生相互的反應。神經預期會促進社交互動、連結、信任。當神經預期獲得滿足，就能支持平靜的狀態，預期的結果不理想時，則可能觸發防禦性的生理反應。

神經練習（Neural exercise）

多重迷走神經論聚焦於特定的神經練習，能提供將生理調節最佳化的機會。依據該理論，神經練習透過社交互動進行生理狀態的暫時破壞與修復，從而促進其恢復力。躲貓貓等遊戲，是父母經常用來與孩子進行的一種神經練習。

神經覺（Neuroception）

神經覺是神經系統評估風險而毋須提升警覺的過程。這段自動過程牽涉到評估安全、危險、生命威脅等的腦部區域，一旦透過神經覺來偵測，生理狀態會自動轉變成以生存為優先條件。

雖然我們通常不會察覺到觸發神經覺的信號，但可能會察覺到生理的變化（即內感受），有時會在消化道或心臟體驗到這種感覺，或直覺感受到環境有危險。反過來說，這個系統也會觸發支持信任、社會參與行為、建立穩固關係的生理狀態。

神經覺未必總是正確，錯誤的神經覺可能會在無危險時偵測出危險，或將危險辨認為安全。

疑核（Nucleus ambiguus）

疑核位於背側迷走神經運動核的腹側腦幹。疑核細胞包含與三對腦神經（舌咽神經、迷走神經、副神經）有關的運動神經元，透過體運動路徑掌控著咽、喉、食道、頸的橫紋肌，透過有髓鞘腹側迷走神經路徑，掌控著支氣管與心臟。

孤束核（Nucleus of the solitary track）

孤束核位在腦幹，是主要的迷走神經感覺核。

催產素（Oxytocin）

催產素是一種哺乳動物的荷爾蒙，也是腦部的神經傳導物。催產素主要是在腦內生產，由腦下垂體分泌，在女性身上，催產素能調節生育與哺乳等生殖功能，然而，兩性都會分泌催產素。

在腦部中，催產素與社會認知及社會認可有關，催產素的社會功能與它如何影響腹側迷走神經叢、背側迷走神經叢的腦幹區有關，由於兩種迷走神經叢都有大量的催產素受體，許多歸給催產素的正面特質與多重迷走神經論所描述的社會參與及無恐懼的非主動行為（immobilization without fear）等正面特質重疊。

副交感神經系統（Parasympathetic nervous system）

副交感神經系統是自律神經系統兩大分支中的一支，這個系統以迷走神經的神經路徑居多，主要支持著健康、成長、復原。然而，多重迷走神經論強調，在某些威脅生命的狀況下，在常態下支持著恆定與健康的特定迷走神經路徑會做出防禦反應，抑制與健康有關的功能。

生理狀況（Physiological state）

見「自律神經狀態」條（26頁）。

系統發展次序層級（Phylogenetically ordered hierarchy）

多重迷走神經論認為，自律神經系統的組成對挑戰的反應是有層級的，在系統發展上較新的回路會最先反應。將這種演化模式倒轉，便與傑克遜的「退化」原則一致（見32頁）。就功能而言，反應是透過以下順序進行：有髓鞘腹側迷走神經→交感神經系統→無髓鞘背側迷走神經。

系統發生學（Phylogeny）

系統發生學是一種關於物種演化史的科學，這門科學提供以演化為基礎來分類有機體的方法。在多重迷走神經論中，有一部分意旨在於脊椎動物自律神經功能的系統發展轉變，聚焦於從已滅絕的原始爬蟲類到哺乳類的轉變。

玩耍（Play）

多重迷走神經論將互動玩耍定義為「神經練習」，能提升生理狀態的共同調節，以促進支持身心健康的相關神經機制運作。互動玩耍這種神經練習需要個體之間的同步與相互行為，雙方都必須意識到彼此的社會參與系統。接通社會參與系統，才能使激發主動反應的交感神經活性不致截斷神經系統，從而導致玩耍活動轉化為攻擊行為。

創傷後壓力症候群（Post-Traumatic Stress Disorder, PTSD）

創傷後壓力症候群是一種精神病學診斷，反映出歷經性攻擊、重傷、戰爭、地震、颶風、重大意外等創傷事件的後果。多重迷走神經論的焦點是人對事件的反應，而非事件本身的性質；聚焦於「反應」的做法符合以下的觀察：對常見「創傷」事件的反應是因人而異的。常見的「創傷」事件對某個人來說可能是重創人生的大事件，但對恢復力較佳的人而言，卻可能沒什麼影響。

由於每個人的反應範圍與復原軌道各異，多重迷走神經論著重於理解人體的種種反應，以推論其自律神經狀態的神經調節變化，並特別觀察人體透過背側迷走神經路徑來調解致命事件的反應。根據多重迷走神經論，許多與創傷後壓力症候群相關的問題，是在生命受威脅時的反應之後出現的特徵（顯現為社會參與系統的功能失調，以及交感神經系統或背側迷走神經路徑起防禦反應的閾值之降低）。

抑揚頓挫（Prosody）

抑揚頓挫是指傳達情感的聲調。多重迷走神經論強調，聲音的抑揚頓挫是由迷走神經機制調節，類似心率變異（與呼吸性竇性心律不齊），傳達著關於生理狀態的資訊。

呼吸性竇性心律不齊（Respiratory sinus arrhythmia，RSA）

呼吸性竇性心律不齊的特徵是心率依自發呼吸的頻率而韻律性增減。這種週期性心率過程的幅度是腹側迷走神經影響心臟的有效指標。

安全（Safety）

多重迷走神經論提出了安全與信任的神經生理學模型，此模型強調，安全是由安全的感覺而非威脅的移除所界定。感覺安全有賴三個條件：(1)自律神經系統不處於支持防禦的狀態。(2)社會參與系統必須活化，以調降交感神經活性，在功能上將交感神經系統與背側迷走神經路徑抑制在支持健康、成長、復原的最佳範圍（恆定狀態）。(3)透過神經覺偵測安全信號（如富於抑揚頓挫的聲音、正面的臉部表情與手勢）。

在日常情況中，安全信號可透過神經覺過程觸發社會參與系統，進而啟動這段過程，將自律神經狀態抑制在恆定範圍，使自律神經系統不致出現防禦反應。歷來將自律神經狀態的這種限制範圍稱為容納窗（window of tolerance），可以透過療法中的神經練習來拓展。

治療環境中的安全（Safety in therapeutic settings）

從多重迷走神經論的觀點來看，感覺安全是影響醫療程序、心理治療、心理教育等諸多治療操控手法有效與否的重要調節變項。

該理論假定，生理（自律神經）狀態功能上是一種影響著治療有效與否的介入變項，該理論更特別強調，要使治療有效用與效率，就要讓自律神經系統保持在防禦狀態之外。以腹側迷走神經路徑（見50頁）活化社會參與系統，能使自律神經系統支持健康、成長與復原，在這種安全狀態下，自律神經系統就不會輕易進入防禦狀態。

值得注意的是，做為治療的先決條件，「感覺安全」這項原則並未被妥善融入到教育、醫療、心理健康等治療模型中。此外，進行治療的物理環境很少考慮到，有些信號（如低頻率背景音、街聲、通風系統聲響、電梯與手扶梯的振動等）會透過神經覺觸發自律神經系統的防禦狀態，它們在干擾著治療的有效性。

自我調節（Self-regulation）

自我調節一詞經常用來描述個人不須另一人的協助而能調節自身行為的能力。自我調節往往是界定孩童有無能力置身於教室或新情境的重要特徵。

多重迷走神經論不將自我調節視為一種經由學習獲得的技巧，而將此技巧詮釋成神經系統的產物，能在未從另一人身上收到安全信號的情況下，維持個人的安全感。該理論強調，透過共同調節的過程，個人可以培養出自我調節的能力，共同調節功能是由個體之間的相互、同步、對等的互動來界定，該理論強調，這類互動是一種神經練習，能加強個人在缺乏共同調節的機會下自我調節的能力。

唱歌（Singing）

多重迷走神經論將唱歌詮釋為一種社會參與系統的神經練習。唱歌要緩慢呼氣，同時控制頭臉部肌肉來產生聲樂的抑揚頓挫，緩慢呼氣能藉由增加腹側迷走神經路徑對心臟的影響，使自律神經進入平靜狀態。在呼吸的呼氣階段，迷走神經的運動神經纖維會傳送抑制信號（迷走煞車）到心臟的心率調節器，以減緩心率；在呼吸的吸氣階段，迷走神經對心臟的影響減少，心率因而增加。

唱歌所需的呼氣時間相對較吸氣久，所以能促進迷走神經平靜生理狀態的調節效果。唱歌的過程使「迷走煞車」的開關練習能結合頭臉部肌肉（包括顏面肌、中耳的聽力肌、使聲調產生抑揚頓挫的咽喉肌）的神經調節練習，因而提供了練習整合社會參與系統的機會。吟唱、朗誦、演奏樂器也能提供練習該系統的機會。

一次性嘗試學習（Single trial learning）

一次性嘗試學習是特定的學習類型，發生在反應與刺激的單一配對中，不會因為反覆暴露在刺激中而隨著時間加強。

多重迷走神經論認為，一次性嘗試學習大多發生在含有背側迷走神經回路特徵的反應中。此外，多重迷走神經論提出，面對生命威脅的深層關閉反應往往發生在創傷後壓力症候群之前，顯示這是一次性嘗試學習。因此，包含排糞、裝死、昏厥、噁心等制約反應的一次性嘗試學習範式❹，也許能使我們更深入理解如何治療創傷倖存者。

社會參與系統（Social engagement system）

如下頁圖一所示，社會參與系統包括體運動部分與內臟運動部分，體運動部分包含調節頭臉部橫紋肌的內臟傳出路徑（見47頁），內臟運動部分包含調節心臟與支氣管的有髓鞘膈上迷走神經。就功能而言，社會參與系統是產生自協調心臟與頭臉部肌肉的心—臉連結，該系統的最初功能是協調吸吮—吞嚥—呼吸—發聲等。此系統在幼年的非典型協調，是日後社交行為與情緒調節困難的指標。

---

❹ 為美國科學家托馬斯·庫恩（Thomas Kuhn）提出的概念，範式指的是特定科學領域從事科學活動時所必須遵循的公認模式；而每一項科學研究的重大突破，幾乎都是在打破舊典範後才得以取得成功，即後文所謂的「範式轉移」。

圖一 社會參與系統

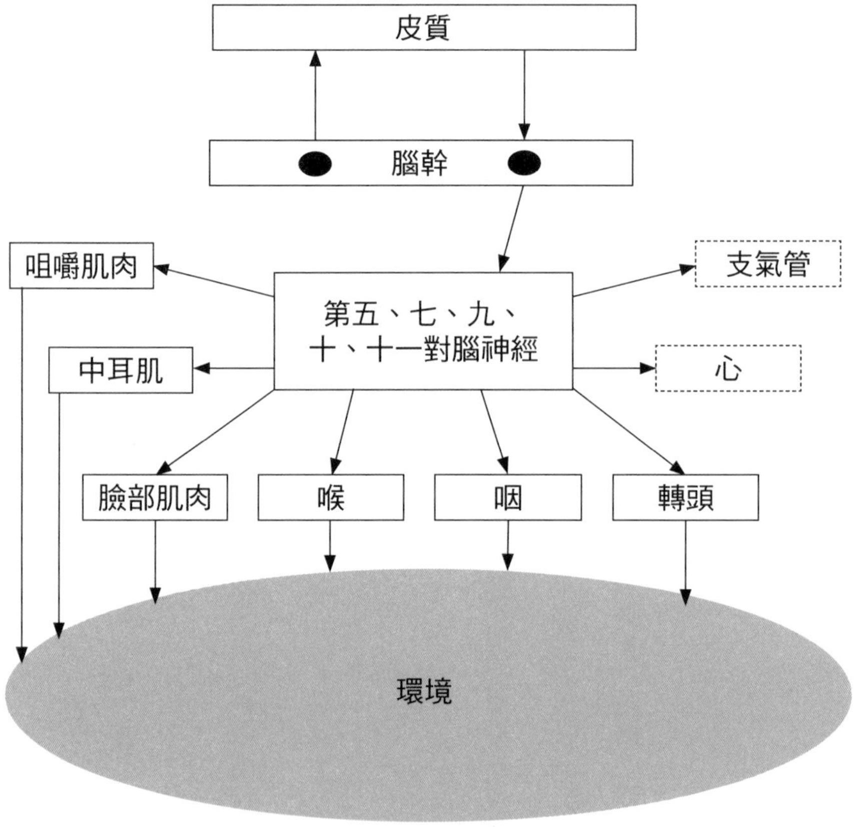

社會參與系統包括體運動部分（堅固部分）與內臟運動部分（鬆散部分）。體運動部分包括調節頭臉部橫紋肌的特殊內臟傳出路徑，內臟運動部分則包含調節心臟與支氣管的有髓鞘迷走神經。

體運動（Somatomotor）

體運動路徑是調節橫紋肌的運動路徑。調節頭臉部橫紋肌的路徑會通過腦神經，調節四肢與軀幹肌肉的路徑則通過脊神經（見「社會參與系統」（45頁））。

特殊內臟傳出路徑（Special visceral efferent pathways）

特殊內臟傳輸纖維起自腦幹的運動核（疑核、顏面運動神經核、三叉神經運動神經核），該運動核發展自胚胎的鰓運動柱（古老的鰓弓），支配與咽弓有關的橫紋肌纖維（攝食所需的咀嚼肌、情感表達所需的顏面肌組織、發聲所需的咽喉肌、聽力所需的中耳肌）。此路徑構成社會參與系統的體運動部分（見圖一）。

膈下迷走神經（Subdiaphragmatic vagus）

膈下迷走神經是連接數個腦幹區與橫膈膜下方器官的迷走神經分支。這段迷走神經分支的運動纖維主要起自背側迷走神經核，以無髓鞘纖維居多。

膈上迷走神經（Supradiapragmatic vagus）

膈上迷走神經是連接數個腦幹區與橫膈膜上方器官（支氣管、心臟）的迷走神經分支（見圖一）。這段迷走神經分支的運動纖維主要起自疑核，即腹側迷走神經的腦幹源核，以有髓鞘纖維居多。

交感神經系統（Sympathetic nervous system）

交感神經系統是自律神經系統兩大分支中的一支，功能是增加遍布全身的血流，以支持運動。多重迷走神經論聚焦於「交感神經系統在增加心輸出量以支持行動與戰鬥／逃跑行為」的角色。

味覺嫌惡（Taste aversion）

味覺嫌惡是一次性嘗試學習（見45頁）的例子，一般而言，味覺嫌惡是在攝取某種食物而導致噁心或嘔吐後所發展出來的。根據發現，病患接受引發噁心的化學療法後，會在接近治療時間的短期內，對平日攝取到的飲食產生嫌惡。

多重迷走神經論認為，研究根深柢固的味覺嫌惡底下的神經過程，也許能使我們深入理解創傷是如何被編碼到神經系統中，以及創傷為何難以治療。

迷走神經傳入（Vagal afferents）

迷走神經中大約有八成左右的神經纖維是傳入纖維（感覺纖維）。大多數迷走神經感覺纖維是從內臟延伸到又稱孤束核的腦幹區。

值得注意的是，醫學教育對迷走神經傳入的理解非常有限，因此，醫學療法很少承認從受治療器官到腦部的回饋可能產生的影響。改變感覺回饋具有影響身心健康的潛能。

迷走煞車（Vagal brake）

迷走煞車反映出迷走神經路徑對心臟的抑制性影響，會減緩心率調節的固有速率。如果迷走神經不再影響心臟，心率就會自動增加，但不會對交感神經的興奮狀態產生任何改變。

年輕健康成人的固有心率約為每分鐘九十下，然而，由於迷走神經的「迷走煞車」功能，可觀察到其心率基線較緩。迷走煞車代表迷走神經參與及脫離影響心率調節的活動，歷來假定迷走煞車是透過有髓鞘腹側迷走神經來協調；雖然無髓鞘迷走神經纖維似乎調節著早產兒臨床上的心跳過緩，但這段過程尚未成為迷走煞車概念的一部分。

因此，討論臨床心跳過緩為迷走煞車的產物時，應該強調它是透過不同於保護性腹側迷走神經影響的迷走神經機制來進行的。

迷走矛盾（Vagal paradox）

歷來均認為迷走神經對內臟器官的影響是保護性的，然而，迷走神經的影響也可能致命，因為它會停止心臟，或藉由觸發昏厥或排糞造成傷害——這些往往與恐懼有關的反應，是由迷走神經協調。

迷走矛盾最早是在早產兒研究中觀察到的，早產兒的呼吸性竇性心律不齊有保護功能，心跳過緩則潛在地具有致命性，由此產生了矛盾，因為呼吸性竇性心律不齊與心跳過緩都是由迷走神經機制協調的；引進多重迷走神經論能解開這種衝突，將上述反應連上不同的迷走神經路徑。

迷走神經張力（Vagal tone）

迷走神經張力，或精確來說心迷走神經張力的概念，通常與有髓鞘腹側迷走神經路徑對心臟的張力影響有關，通常是以呼吸性竇性心律不齊的幅度來表示。

迷走神經（Vagus）

迷走神經是第十對腦神經，在自律神經系統的副交感神經部分中是主要神經。迷走神經的功能是做為導管，包含起自疑核、背側迷走神經核的運動路徑，以及終止於孤束核的感覺纖維。迷走神經連接各腦幹區與頸、胸、腹部等全身結構。

多重迷走神經論強調脊椎動物之自律神經系統的系統變化，聚焦於哺乳動物出現後，其迷走神經運動路徑的獨特變化。

無作為迷走神經（Vegetative vagus）

參見「背側迷走神經叢」（32頁）。

腹側迷走神經叢（Ventral vagal complex）

腹側迷走神經叢是與心臟、支氣管、頭臉部橫紋肌的調節有關的腦幹區（見圖一（46頁））。這種神經叢特別包含了疑核、三叉神經核、顏面神經核，透過內臟運動路徑調節心臟與支氣管、透過特殊內臟傳出路徑調節咀嚼、中耳、臉、咽、喉、頸。

內臟運動神經（Visceromotor nerves）

內臟運動神經是自律神經系統內的運動神經，調節著平滑肌與心肌及腺體。

瑜伽與社會參與系統（Yoga and the social engagement system）

多重迷走神經論解構了瑜伽的呼吸實踐，將其化為迷走煞車的特定神經練習（見38頁）。調息瑜伽（Pranayama yoga）就功能而言是一種社會參與系統的瑜伽，因為它包含對呼吸與頭臉部橫紋肌兩者的神經練習（見圖一〔46頁〕）。

安全，跟你想的不一樣

「安全」在人生中扮演著重要的角色，我們自以為了解何謂安全（住在有保安系統的房子，進出有監視器及金屬探測器的場所），但身體對安全的感受卻與這種認知並不一致。

安全其實是身體對環境的反應，取決於不受認知掌控的內臟反應，而非所處環境的物理特性。學會聆聽並尊重身體的反應，才能協助自我與他人在潛藏危險的世界中，找到安全的環境與相互信任的關係。

第一章 重新認識自律神經系統

史蒂芬・W・波吉斯&露絲・布辛斯基(Ruth Buczynski)

自律神經系統不僅是成對的對立系統，更是由三個次系統構成的層級系統，這個層級構成一種演化功能，較新的回路會抑制較古老的回路。自律神經系統的神經調節出現狀態變化時，通常不是自主產生的——雖然它們會深刻影響行為。

有創傷時，內在究竟發生了什麼事？——創傷與神經系統

布辛斯基博士（以下簡稱布）：

我是露絲．布辛斯基博士，康州當局認證的心理學家與國立行為醫學臨床運用機構（National Institute for the Clinical Application of Behavioral Medicine, NICABM）主席。

今天的來賓是史蒂芬．W．波吉斯博士。波吉斯的著作會改變我們對創傷和其他障礙的理解。請問，一個人有創傷時，內在究竟會發生什麼事？

波吉斯博士：

要了解創傷的神經生理反應時，有一個重大問題是，人們往往會將創傷當成一種壓力障礙相關的概念，然而，一旦將創傷歸類成與壓力相關，創傷的某些重要特徵就會在討論肇因、機制、治療時遺失了。

追根究柢，在這個問題底下有一個誤解，即認為人類神經系統是以一般的壓力反應來面對危險與生命威脅，而這一般的壓力反應是與交感神經系統及 HPA 軸（下視丘—腦垂體—腎上腺軸，hypothalamic-pituitary-adrenal axis）有關。

治療專家與科學家都認為人類神經系統的防禦或壓力系統是單一的，與處理「戰鬥／逃跑」行為有關，多重迷走神經論則強調，危險與生命威脅會引發不同的防禦反應輪廓，依據這個理論，一般認為的危險反應

與此觀念有關：壓力反應表現為透過交感神經系統與腎上腺而增加的交感神經活性。然而，多重迷走神經論也辨認出了第二種與生命威脅有關的防禦系統，其特性是會以古老的副交感神經系統路徑來大幅調降自律神經功能。

我們都很熟悉「經典」壓力反應的負面效應，那會干擾神經系統用以支持健康的功能。藉由破壞自律神經系統、免疫系統、內分泌系統的調節，壓力會製造出脆弱狀態，使人容易產生身心疾病，每一本學術心理學著作都描述過這種防禦系統，也是健康與心理經驗關聯的討論核心；這個模型也在次學科中受到討論，例如神經內分泌學、神經免疫學、心理生理學、身心醫學等。

然而，這類討論缺少了對第二種防禦系統的描述，這種防禦系統的特性不是顯現為戰鬥／逃跑的主動反應，而是非主動反應、關閉行為、解離。雖然戰鬥／逃跑行為是面對危險信號的適應性功能，但在無法逃走或做出防禦時，戰鬥／逃跑行為就展現不出任何適應力了。

相對於戰鬥／逃跑反應，面對生命威脅的反應會引發第二種防禦系統，表現為非主動行為與解離。當身體為防禦而做出非主動姿態，它便進入了一種可能致命的獨特生理狀態，這種反應在如落入貓爪的野生家鼠等小型哺乳類身上很常見。

老鼠被貓咬住時，牠看似死了，但其實沒有，我們將老鼠的這種適應反應稱為「裝死」，然而，這不是有意識或自主的反應，而是一種因為無法運用戰鬥／逃跑機制來防禦或逃走，而出現的適應性生物反應，這種反射性反應類似於人類因為恐懼而昏厥。

> 神經系統擁有不只一種防禦策略，我們會採用主動或非主動策略，並非自主的決定。

治療創傷的難題在於，我們對威脅引發的適應性生物反應缺乏全盤認識，許多治療創傷病患的臨床醫師很盡責，不幸的是，他們並不熟悉非主動的防禦系統。追蹤科學文獻告訴我們，之所以會出現這個盲點，是因為非主動防禦系統與主流的壓力理論格格不入，主流壓力理論聚焦於支持主動性防禦策略的腎上腺與交感神經系統。

多重迷走神經論強調，我們的神經系統所擁有的防禦策略不只一種，我們會採用主動的戰鬥／逃跑策略亦或是非主動的關閉防禦策略，並非自主的決定；**我們的神經系統在意識覺知範圍之外持續評估著環境中的風險，進行判斷，並設下適應行為的先後順序。**我們對這類過程的發生渾然不覺，它並非一種有意識的、在執行決策時會涉及的心智過程。

在有些人身上，某個環境挑戰的特定物理特性會觸發戰鬥／逃跑行為，但其他人面對同樣的物理特性，卻可能做出完全關閉的反應。我想強調的是，**理解反應而非創傷事件，對能否成功治療創傷而言更為關鍵。**對某些人來說，創傷事件不過是普通事件，但對其他人來說，同樣的事件卻會觸發威脅生命的反應，他們的身體做出彷彿面臨生死關頭的反應——類似落入貓爪的老鼠。

布：

這能解釋為何有些軍人能前仆後繼地上戰場，承受恐怖的經歷，或是有些人會罹患創傷後壓力症候群，但有些人卻不會嗎？

波吉斯博士：

可以的。但再次重申，問題是討論特定的精神障礙時，描述的是林林總總的症狀，而這些症狀未必總是一起出現，那就像一間餐廳的午餐或晚餐菜單只有特定的幾道菜，有些人或許喜歡，其他人卻覺得難吃。一個臨床醫師根據某些特性下診斷時，並不意味著相同診斷結果的病患都經歷過同樣的神經生理反應，或顯現出同樣的臨床症狀。臨床醫師大多深知這點，他們知道某個病患有某種診斷結果時，並不意味著他和其他的病患相同，或對某個病患有效的療法對另一位病患也有效。

是保護生命還是威脅生命？——迷走矛盾的啟發

布：

我們來談談多重迷走神經論，請說明它如何啟發我們對創傷的理解。

波吉斯博士：

在我討論多重迷走神經論之前，我想先介紹一點背景，說明為何要提出這套理論。

我時常說，並不是我主動尋求多重迷走神經論的。在建構這個理論前，我的學術生涯還輕鬆得多，我的研究很順利，獲得的資金很充裕，也發表過論文，當時我正在發展一套自以為是測量迷走神經活動的較佳方法，我認為那能夠為神經系統的某個保護特性，提出更容易監測的入口。

我先交代一下背景：迷走神經是存在於腦幹、通往體內器官的腦神經，為腦幹與內臟器官提供雙向渠道。雖然我們常聚焦於迷走神經的運動功能，以及此運動路徑如何調節心臟與腸道，但迷走神經主要是一種感覺神經，其中八成左右的纖維將內臟的資訊傳送給腦部，剩下的兩成纖維則形成運動路徑，使腦部回路能動態地（有時戲劇性地）改變我們的生理，其中有些變化會在幾秒之內發生，舉例來說，迷走神經運動路徑能造成心跳變慢，也能刺激腸道。

迷走神經在張力飽滿狀態下的功能，類似心率調節器的煞車，煞車移開後，張力變鬆弛的迷走神經會使心跳變快。就功能而言，通往心臟的迷走神經路徑是抑制性、減緩心率的——也就是人們感受到的平靜狀態，因此，**迷走神經功能往往被認為是一種「反壓力」機制**。

但也有其他文獻不贊同迷走神經的正面特質，反而將迷走神經機制連上威脅生命的心跳過緩，功能上會導致猝死。因此，同樣是迷走神經，有人認為它是反壓力系統，但其實它也有能力終止心跳，或是在面臨威脅生命的體驗時做出排糞反應。

迷走神經會殺人？

我在研究所鑽研自律神經系統時，學校教我們將迷走神經看成副交感神經系統的主要部分，而副交感神經系統對立於交感神經系統。就功能來看，自律神經系統的交感神經部分會驅動身體，使我們活動，迷走神經則與平靜、成長、復原有關。

幾乎每一篇談論解剖或生理的文本，都將自律神經系統描述為一組成對的對立系統，包含兩個水火不容的部分。比方說，學校教導我們，交感神經系統支持著「壓力」，是我們的「大敵」，而副交感神經系統則有能力抑制這個大敵帶來的衰弱性影響，淨結果則是兩個對立系統的平衡狀態。

在臨床界，使用「自律神經平衡」這類詞彙時是帶有預期的，即我們應多著重副交感神經與迷走神經，才能使人平靜；如果我們撤回迷走神經活動，減少迷走神經張力，人就會變得緊張、敏感，體驗到「壓力」。這種對自律神經系統的簡明解釋只有一部分成立，沒錯，我們的內臟器官確實大多既有副交感神經系統的神經連結，也有交感神經系統的神經連結，副交感神經的神經纖維也多半經由迷走神經傳遞。

但對我而言，這種盛行模型的功效，在我研究人類新生兒時瓦解了。當時我正在開發新方法，從每拍心率模式來測量迷走神經活動，我認為那能指出某個保護特性，帶來更正面的臨床軌道。我的研究顯示，如果新生兒的迷走神經活動較多（即迷走神經張力），他們就會有良好的臨床結果。

我測量迷走神經活動的方式，是將節奏的心率模式（又稱呼吸性竇性心律不齊）量化。根據觀察，呼吸性竇性心律不齊是心律的節奏性有所增減，與自發性呼吸有關，然而，有些新生兒有相對穩定的每拍心率模式，卻沒有呼吸模式（即沒有呼吸性竇性心律不齊），而這些嬰兒有出現重大併發症的風險。

根據上述發現，我寫了一篇論文，發表在名為《小兒科學》（*Pediatrics*）的期刊上。這篇論文的目的是

呼吸性竇性心律不齊是心律的節奏性增減，與自發性呼吸有關。

啟發新生兒科專家與兒科醫師，關於測量呼吸性竇性心律不齊在新生兒照護中的效用——呼吸性竇性心律不齊是心率變異的一個部分。

那篇論文發表後，我收到一位新生兒科專家的來信，他寫道，迷走神經活動具保護性的觀念與他所接受的訓練並不一致，他指出，他念醫學院時學到的是，迷走神經會殺人。我立刻意會到那位新生兒科專家所指為何，從他的觀點來看，迷走神經有可能促進威脅生命的心跳過緩及呼吸中止等問題，其特色是大幅減緩心率並中止呼吸，對許多早產兒來說，心跳過緩與呼吸中止是會危及生命的；接著他指出，也許好東西太多反而會帶來壞處。他的評論促使我去思考，我們對自律神經系統的理解落差。

迷走神經的兩種潛力

我非常看重他的評論，於是開始思索自己在研究中的觀察結果。我意會到，在我的研究中，我從未觀察到出現呼吸性竇性心律不齊時，也會同時出現心跳過緩或呼吸中止的狀況。意會到這點後，我提出迷走矛盾的框架：迷走神經是如何以呼吸性竇性心律不齊的表現來展現保護力，同時又以心跳過緩或呼吸中止的表現威脅著生命？

那幾個月，我一直將那位新生兒科專家的信放在公事包裡，我試圖解釋這種矛盾，但我的知識太有限，所以提不出任何解釋。為了解開這個矛盾，我研究了迷走神經的神經解剖學，尋找是否有不同的迷走神經回路在調節著這兩相衝突的反應模式。

辨識迷走矛盾底下的迷走神經機制，使我逐漸發展出了多重迷走神經論。在發展此理論時，我辨認出兩種迷走神經系統的解剖學、演化史與功能：**其中一個迷走神經系統調節著心跳過緩與呼吸中止，另一個迷走神經系統調節著呼吸性竇性心律不齊**；其中一個有致命的潛力，另一個則有保護的潛力，兩種迷走神經路徑起自不同的腦幹區。

透過比較解剖的研究，我得知這兩種回路是循序演化來的。基本上，我們的自律神經反應有根據系統發展史演化來的內建層級，這些事實成為多重迷走神經論的核心。

非主動、心跳過緩、呼吸中止，都是來自較哺乳動物久遠得多的古代脊椎動物演化來的防禦系統。觀察寵物店的爬蟲類就可看出這種防禦系統，你觀察爬蟲時，看不出多少行為，因為非主動行為是幾種爬蟲類的主要防禦系統，然而，我們觀察小型哺乳動物的行為時（如倉鼠和老鼠），卻是另一回事。小型哺乳動物總是在動，牠們是主動的，愛社交，愛和彼此玩耍，牠們靜止不動時，大多是與手足進行肢體接觸。

以演化為多重迷走神經論的組織原則後，我開始理解到，在不同的系統發展階段，不同的神經回路會採用不同的適應行為。我持續研究，找出了與演化上較早期的脊椎動物有關的古老防禦系統，它仍嵌在我們的神經系統裡，這個古老防禦系統的特色是非主動性——這是相對於戰鬥／逃跑防禦行為所需的主動性。

雖然非主動反應、裝死、做氣絕狀，對爬蟲類與其他脊椎動物而言，在許多情況下也是適應性行為，但因為哺乳類需要大量氧氣，這種策略有致命的可能性。如果威脅生命的事件觸發了使人進入非主動狀態的生物行為反應，那要讓他重組為「正常」狀態可能很難，許多創傷倖存者便是如此。

不同迴路下的生理劇——重新解釋自律神經系統

隨著多重迷走神經論的發展，一個關於自律神經系統適應功能的新模型出現了，在此理論的脈絡下，自律神經系統的種種狀態與反應不再能解釋為僅是副交感神經與交感神經的對立，反而是談到自律神經功能時，必須承認有三個功能上的次系統，其演化生物學功能具有組織層級之別。

在人類與其他哺乳動物身上，這些次系統包括：

一、無髓鞘迷走神經路徑，為膈下器官提供主要的迷走神經調節。

二、有髓鞘迷走神經路徑，為膈上器官提供主要的多重迷走神經調節。

三、交感神經系統。

無髓鞘多重迷走神經路徑是最早演化出來的，大多數脊椎動物都有。在人類與其他哺乳類身上，這個古老系統在有機體處於安全情境時，會支持恆定狀態，然而，一旦受召防禦，它就會轉而支持非主動反應，產生心跳過緩與呼吸中止的狀態，保留新陳代謝資源，並顯現為關閉或崩潰的行為。在人類身上，它可能也與解離有關。這種關閉系統對爬蟲類的效果很好，因為牠們的腦部小，需要的氧氣遠比哺乳類少得多——爬蟲類好幾個小時不呼吸仍能存活，相反地，即使是水生哺乳類，也僅能屏住呼吸二十分鐘左右。

在系統發展史上，爬蟲類的迷走神經系統是一種古老的無髓鞘迷走神經，而相對於爬蟲類，哺乳類則有兩種迷走神經回路：與爬蟲類相同的無髓鞘迷走神經，以及哺乳類特有的有髓鞘回路。

這兩種迷走神經回路起源於不同的腦幹區。有髓鞘迷走神經路徑提供較迅速、組織較嚴密的反應。脊椎動物的自律神經系統是演化自無髓鞘迷走神經，支持著非主動行為。即使是軟骨魚類，如鯊魚、魟魚等，也有無髓鞘迷走神經。

在系統發展史上，從硬骨魚開始，交感神經系統就在產生作用，影響著內臟。交感神經系統的功能是提供對立於無髓鞘迷走神經的輸入，在大多數情況下，交感神經路徑增加著、無髓鞘迷走神經路徑則減少著內臟器官的活動。以無髓鞘迷走神經及交感神經系統的對立為特點的自律神經系統，讓硬骨魚能成群游動、衝刺與停下。

在哺乳動物身上，一種更新的回路出現了，那是專屬於哺乳動物的有髓鞘迷走神經。加上這種新的迷走神經回路後，自律神經系統的適應功能便獲得了拓展，首先，兩種迷走神經路徑調節身體器官的角色是有區別的。無髓鞘迷走神經為膈下器官發揮著主要的副交感神經調節功能，不過在人類早產兒等哺乳動物身上，沒有有髓鞘迷走神經的保護性影響下，通往心臟的無髓鞘迷走神經路徑會多到足以產生心跳過緩。有髓鞘迷走神經主要為膈上器官發揮著副交感神經的調節功能，此外，哺乳動物的新有髓鞘迷走神經所起源的腦幹區，與調節頭臉部肌肉的腦幹區有關。

直覺靈敏的臨床醫師知道，看病患的臉、聽他們的聲音（由頭臉部肌肉控制），就能精確推論出他們的當自律神經系統的神經調節出現狀態變化時，通常不是自主產生的。

生理狀態；他們運用這些資料來判定要問病患哪些問題。他們知道，受過創傷的病患，聲音中可能缺乏抑揚頓挫（即聲音中的語調高低），他們知道創傷病患的臉部上半部可能缺乏情緒表情，此外，這些病患可能有調節行為狀態的困難，會從平靜狀態很快轉變為高度敏感的狀態。現在我們可以開始來細看這種在不同脈絡上演的生理劇了。

多重迷走神經論帶來了以下概念：**自律神經系統不僅是成對的對立系統，更是由上述三個次系統構成的層級系統，這個層級構成一種演化功能，較新的回路會抑制較古老的回路。**這種層級性模型與傑克遜提出的「退化」概念一致，他以此解釋腦部回路在腦部受傷與患病後的去抑制情形。

人面臨威脅與障礙時，真正的問題在於：我們是如何、為何轉換到不同的回路？面臨威脅與障礙時，自律神經系統的調節會循序降級到古老回路，這是一種生存的適應嘗試，而這段過程的信號或觸發點是什麼？

我們生活在充滿認知偏見的世界，以為我們的行動都是自主的，我們面對著關於動機及結果的種種問題，我們被詢問關於成本、風險、利潤的問題，然而，自律神經系統的神經調節出現狀態變化時，通常不是自主產生的——雖然它們會深刻影響行為。

這類狀態變化會在我們面對特定的環境信號時，幾乎是反射性的發生，雖然病患對觸發這種狀態變化的信號往往一無所知，但他們通常會意識到自己的身體反應，例如心率加快、心臟怦怦跳、流汗等，這些反應都是不由自主的，並不是他們自己想要這樣。

我們在臨床上也觀察得到類似的反射性狀態變化，包括對公開演講的怯場，如果要容易怯場的人在大眾面前起身，他們恐怕會昏過去！這可不是自主的反應，而是環境中的某些特徵觸發了他們的神經系統採用無髓鞘迷走神經回路。

如何判定安不安全？——神經覺：無覺知的偵測

布：

我們的回路是如何判定情況安不安全？

波吉斯博士：

我們不清楚精確的神經路徑，不過這段過程一定牽涉到更高層、抑制著邊緣防禦系統的腦部結構。我們確實知道的是，要抑制邊緣防禦回路，可能會用到皮質區——包括評估生物運動意圖性的顳葉皮質。生物運動包括臉部表情、發聲語調（抑揚頓挫）、身體動作——如手頭姿勢等，舉例來說，我們知道母親充滿抑揚頓挫的聲音對安撫嬰兒是重要的。然而，我們對偵測威脅的回路認識較深，對偵測安全特徵的回路反而認識不多。

未來進行更多研究後，我們或許能得知人生的早年經驗所扮演的重要角色，它會改變上述那些不當反應的閾值或脆弱狀態。如果我們有較新的迷走神經回路保護，那就能表現良好，然而，如果我們失去了較新的迷走神經回路調節生理狀態的能力，那就會變成處處防禦的戰鬥／逃跑機器。身為戰鬥／逃跑機器來發揮防禦功能時，人類與其他哺乳動物都需要動，而如果我們的活動範圍受限——例如被孤立或拘禁，那神經系統就會讀到這類信號，功能上便會想變得非主動。

我可以給你兩個有趣的例子，說明這兩種被觸發的防禦系統：一是我在CNN看見的一段新聞影片，一是我的親身經歷。幾年前，我在出席一場大會對全體成員的演講前，觀看了現場播放的CNN新聞。新聞播出一架飛機降落困難的畫面，在狂風吹擊下，它的機翼忽上忽下。雖然飛機看起來搖搖欲墜，但最終還是安全降落了，乘客下機時，一名記者訪問了幾名乘客，他預期乘客會說：「我嚇死了，我一直尖叫，簡直嚇得魂不附體。」他走向其中一位乘客，問她在這場搖搖晃晃的降落過程中感覺如何，她的回答卻讓記者說不出話來。她說：「感覺如何？我根本昏過去了。」

對這名女性來說，生命受威脅的信號觸發了古老的迷走神經回路，我們並不真的能掌控這種回路，然而，失去意識有某些優點，能改變我們對創傷性事件的體驗，例如提升我們的疼痛閾值。

治療師會察覺到，許多主訴虐待——尤其是性虐待與包括監禁等生理虐待的人，往往會描述自己並不真的在現場的心理經驗；他們的身體麻木了，他們可能解離或昏了過去。對這些人而言，虐待事件觸發了適應反應，使他們能緩衝創傷事件帶來的感覺與心理效應。當然，問題在於，你要如何在他們解離並做出失去身體意識的適應反應後，使他們「回到自己的身體裡」？

另一個例子來自我的親身經歷：

我在進行磁振造影（MRI）掃描時，體驗到生理狀態的意外轉變。當時我對這項程序十分感興趣，因為幾個同事會在研究中使用MRI，而我對程序很好奇，所以很期待這次經驗。

要進行腦部的MRI掃描，你必須躺在平臺上，接著平臺會進入磁場核心。我興致勃勃地躺在平臺上，準備進行這項新體驗，我當時很自在，並不焦慮。接著平臺進入窄小的MRI磁場入口，當我的頭頂進入磁場核心時，我說：「能等一下嗎？我可以要杯水嗎？」我被拉出來，喝了一杯水，然後再度躺下，當我的鼻子進入磁場核心時，我又說：「我辦不到，讓我出去！」我無法忍受密閉空間，這徹底的引發了我的恐慌。

我提出這個例子，是因為我的知覺、我的認知，都與我的身體反應格格不入，我想要進行MRI掃描，我並不恐懼，它也不危險。但我進入MRI掃描平臺時，身體發生了某件事，我的神經系統偵測到了某些信號，而那些信號觸發了防禦反應——讓我想採取主動反應，離開那裡。

這些環境事件引起生理狀態變化的體驗，需要以新概念來描述，以了解其評估環境風險特徵、觸發神經回路來變更自律神經狀態的過程，這造成了我所謂的「神經覺」過程。我對這個詞彙的定義很謹慎，因為我想界定的是不同於知覺（perception）的過程，**知覺需要意識覺知，神經覺則是在不知不覺中反射性地發生。**

布：

我們來給它下個定義。神經覺可以說是對發生事件的神經知覺嗎？

> 神經覺是從諸多信號中評估環境風險的神經回路，這段回路會觸發自律神經狀態的改變。

波吉斯博士：

這裡我們要很小心謹慎，我們必須區分「神經覺」與「知覺」。**神經覺是在不知不覺中評估環境中的風險，知覺則暗示著覺知與意識偵測。**神經覺不是一種認知過程，而是一種不倚賴覺知的神經過程，神經覺靠的是從諸多信號中評估環境風險的神經回路，這段回路會觸發自律神經狀態的改變，以對那些信號做出適應反應。

多重迷走神經論假設神經覺是一種機制，能將自律神經系統轉變成多重迷走神經論所界定的三大類狀態（安全、危險、生命威脅），並強調哺乳動物的社會參與系統，包括臉部、心臟、有髓鞘迷走神經等，在調降戰鬥／逃跑與關閉防禦系統上扮演的強力角色。

社會參與系統運作時會調降防禦系統，我們因此感到平靜，我們會擁抱他人，看著他人並感覺良好。然而，風險增加時，前述兩種防禦系統就會占上風。為了對危險做出反應，交感神經系統會起而掌控並增加新陳代謝資源來支持戰鬥／逃跑行為的運動活動，然後，如果那無法協助我們變得安全，它就會採用古老的無髓鞘迷走神經回路，做出關閉反應。這種模式與臨床相關的正面特質是，它的洞見有助於我們發展出療法來調降防禦策略。我們得知了觸發社會參與系統的神經覺有哪些特性，哺乳動物發展出這種新穎的自律神經系統的神經調節方式，使社交互動能安撫生理，並支持健康、成長與復原。

布：

你在MRI掃描儀中的經歷，是因為神經覺以及無法掌控的反應所導致的嗎？

波吉斯博士：

是的！就像那名在飛機上昏厥的女性乘客，我對此無計可施。

布：

你想不出方法來脫離。

波吉斯博士：

根本沒辦法！我甚至無法閉上眼睛，想像自己不在裡面。我就是必須逃離那裡！現在我要做 MRI 的話，就會先服藥，我很感激有藥物能確實地讓我不對 MRI 太敏感，我不是藥物的超級粉絲，但在某些狀況下，藥物非常有幫助。

我想強調的是，在飛機上的那名女子和我進行 MRI 的這兩種情況中，那些反應都是不由自主的。搖搖欲墜的飛機引發了乘客的關閉反應，而在我的情況中，MRI 的特性觸發了主動性反應。如果你去訪問那架飛機上的其他乘客，有些人可能是以尖叫和大喊來反應，他們想採取主動反應，離開那架飛機，其他乘客則可能握著旁人的手，平心靜氣地體驗這個事件。

在這裡，我想向大家強調的關鍵是，同樣的事件在不同人身上，就會觸發不同的神經覺反應，造成不同的生理狀態。

布：

如果你在 MRI 掃描機裡時說「讓我出去」，但無人回應時，你會轉而採取更原始的策略嗎？

波吉斯博士：

有可能。

既然我陷入困境又無法逃出去，在這樣拘束的空間下，我會發生什麼事？這樣的體驗類似於被監禁並受到生理虐待的體驗。

我們往往忘記了，我們習以為常的醫療程序可能會對病患的身體傳達出類似生理虐待的信號，我們必須對治療人的方式更加小心謹慎，即使是用意良善的介入手法，也可能因為拘束而引發創傷反應，甚至引發創傷後壓力症候群。

醫療手法可能觸發創傷後壓力症候群

布：

請多告訴我們一些你認為會觸發創傷後壓力症候群特徵的醫療做法。

波吉斯博士：

我認為這包括強迫性的身體束縛，壓制人進行麻醉也不例外。回顧醫學史，特別是精神疾病的治療史，可以看出經常採用束縛的做法，這麼做的理由是保護病患，但病患的反應卻與對傷害、危險、威脅的反應一致。在精神病患身上，束縛是用來防止病患傷害他人或自己，如果無法麻醉或麻醉無效，手術程序中便會採用束縛病患的方式。

但要記得，醫學環境中本來就有幾個特徵會觸發一種脆弱感和神經覺的防禦反應。舉例來說，醫學環境往往會使人無法接觸到我們在正常日常生活中所能擁有的協調性社會支持，我們身上的衣服會被拿走；我們被迫待在公共空間中，所有可預期性都消失無蹤；我們的神經系統不再能獲得用來自我調整、使自己感覺安全的諸多特徵。

布：

他們會叫你不要戴隱形眼鏡，然後又把你的眼鏡拿走，這樣你就看不清楚了。

波吉斯博士：

對，視覺和聽覺信號在判定神經覺如何影響生理狀態上，扮演著重要角色。**神經覺（或起碼是安全的神經覺）的一個最有力的觸發點，是透過聽覺刺激來獲得的。**

> 神經系統會對低頻聲音起反應，將此刺激詮釋成獵食動物的特徵，而轉變成戰鬥／逃跑或關閉反應的生理狀態。

想想母親唱搖籃曲給孩子聽，或傳統民俗音樂或情歌的例子，這些不同類型的人聲音樂有相近的聲音特徵，這些例子並不使用低頻聲，你聽見的是經過大幅調節的較高頻率，那類聲音類似女聲；搖籃曲如果是由男聲的低頻率來唱，就無法對嬰兒發揮同樣的安撫效果——尤其是男低音。我們的神經系統對頻帶與頻帶中的聲頻調節都有反應。

在我的演講中，我以《彼得與狼》這部作品為例，說明頻帶與頻帶中的聲頻調節如何觸發神經覺。在《彼得與狼》中，友善的角色是由小提琴、單簧管、笛子、雙簧管音樂來代表，**獵食動物則是以低頻聲來表達**。作曲家普羅高菲夫直覺地知道聽覺刺激在神經覺過程中的效用，並運用他的直覺來提出敘事框架。

MRI 的聲音特徵是什麼？MRI 會產生大量的低頻聲。大體而言，醫院的聲音特徵是由低頻率噪音所主導，尤其是通風系統與設備的聲音，我們的神經系統會在無意識覺知的狀態下，對這些聲音特徵起反應，將聽覺刺激詮釋成獵食動物的特徵，而將生理狀態轉變成促進戰鬥／逃跑或關閉反應的狀態。

人與人的心理距離——社會參與系統與依附的角色

布：

我們來談一下依附（attachment）。人生早期的依附如何影響上述這些事？

父親的聲音特色往往是低頻聲，透過演化，內建的神經回路會適應性地將那種聲音偵測為獵食動物。

波吉斯博士：

在綜觀談依附的文獻時，我察覺到似乎缺少了一個重點，我將那個失落的重點稱為依附的前奏。多重迷走神經論是以社會參與來描述這失落的一環。在我的概念體系中，我將良好的社會連結發展分成兩段循序的歷程——社會參與及社會連結的建立。

我們從社會參與談起吧，這是一段我們會使用發聲、聆聽聲音中的語調、臉部表情、手勢的過程，也會使用哺育等攝食行為。我們長大成人後，會在不同情境中使用同樣的系統，我們會以吃中飯或喝一杯來當成一種社交方式，**攝食行為運用的神經機制和我們用在社交行為上的神經機制是一樣的，就某個意義來說，我們運用攝食行為來安撫人們，使雙方進行社會參與，當社會參與有效，人與人之間的心理距離就會消弭到最小，形成物理距離的減少。**

我們觀察人的發育時，會察覺到小嬰兒早期不太能分辨自己是在與誰進行社交互動，嬰兒的系統有很大的彈性，可以被許多不同人抱著。但嬰兒稍大了以後，在辨識親密度、界定誰來抱嬰兒才安全方面，偵測安全特徵的神經覺過程會愈來愈挑剔。

我治療自閉症兒童，他們的父母主訴的其中一個特性是，孩子會怕父親。那是什麼意思？意思是孩子會怕父親的聲音。為什麼？因為父親的聲音特色是低頻聲，透過演化，我們內建的神經回路會適應性地將那種聲音偵測為獵食動物。因此，許多在臨床上觀察到的行為障礙，其實是神經覺引發的適應行為，神經覺錯誤解釋了那些信號的意圖。

回頭來談依附的問題。

我想安全會調節我們發展出安穩依附的能力，**個人在早年發育中對父母、照顧者、家庭成員或其他人感覺安全與否，也許就形塑了他們面對創傷時的脆弱度差異。**

自閉症與創傷有何共同點？

布：

你剛才提出了自閉症與創傷的議題。我在準備我們的電話訪談時，有想到自閉症與創傷就聽覺方面來說有諸多共同點。

波吉斯博士：

是的，我想有幾個精神診斷範疇的特徵有同樣的核心，不是指肇因相同，而是效應相近。然而，科學與臨床實踐對疾病與健康特徵的看法往往不同，科學有興趣的是過程，臨床實踐往往是對疾病實體或診斷的特定性有興趣。

長久以來我們都認為，如果你能為一種生理障礙定名，就能帶來療法的改善，日後也會對那個障礙有更多的了解，然而，尤其是在精神健康領域，診斷結果對臨床醫師財務狀況的影響，遠遠大過對理解障礙底下有何機制、進而改善療法的影響；概括的說，診斷標籤使臨床醫師能使用保險所需的某些帳單代碼，不過為精神障礙定名，對理解障礙底下的神經生理機制幫助並不大。

科學家對臨床診斷的相關標籤不是那麼有興趣，他們對底下的過程比較有興趣，而有幾種過程是橫跨不同臨床障礙的。但政府經費單位和特定疾病的基金會感興趣的往往不是這些相同的過程，聚焦於這些過程的研究很有限，往往也沒有經費，因為經費都用來辨識與某個臨床診斷有關的「生物標記」（biomarkers，意指可用以反映出特定疾病或生理狀態的物質，以肺癌為例，EGFR 基因突變是肺癌最重要的生物標記之一）。

不幸的是，雖然幾乎每種精神健康障礙都被認為是生物性障礙，往往也被認為與遺傳或腦部結構有關，但幾十年來，尋找飄忽的生物性標記或生物標誌物的研究，都沒有令人印象深刻的結果。

聽覺超敏反應是在幾種精神健康診斷中都能觀察到的一個共同過程。由於聽覺超敏反應並非任何臨床障礙的特定症狀，也不是進行某個診斷的特定標準，它在精神健康研究界引起的興趣不多。然而，理解造成聽覺超敏反應的底下機制後，我們就會了解，有一種神經回路會將這種反應連上平板的臉部表情、抑揚頓挫的缺乏、迷走神經對心臟的掌控衰退。

仔細觀察並詢問有創傷史的人時，我們會立刻看出他們不喜歡待在公共空間，因為噪音或聲音會困擾他們，他們往往很難將人聲從背景活動中抽取出來。許多有自閉症的人也有相同問題，有自閉症的人經常有聽見／聆聽的矛盾，他們對聲音高度敏感，但要他們抽取並理解人聲卻無比困難。

> 偏弱的社會參與系統在功能上有偵測出獵食動物的優點，缺點則是很難從較高頻的人聲中，抽取出其意義來。

如果觀察有其他精神障礙（如憂鬱與思覺失調症）的病患，也會發現相同的特徵，**有上述障礙的人不僅有聽覺超敏問題，也有行為狀態調節的困難，臉上表現出的情緒單調平板，聲音裡缺乏抑揚頓挫，其自律神經狀態具有高心率的特徵，迷走神經對心臟功能的調節降低，並轉而支持防禦行為。**這些與表達及偵測情緒有關的核心過程，都是社會參與系統的一部分，這個系統是受某個調節著新的哺乳動物迷走神經系統的腦幹部分所調節。

一個人臉部表情豐富、聲音高低起伏時，也會收縮中耳肌，促使他從背景音中將人聲抽取出來。人們微笑並看著另一人說話時，他們的中耳肌會收縮，在這種狀態下，他們比較能將人聲從背景音中抽取出來，但這麼做是有代價的。我們身為人類要為社交行為付出適應性代價——這是說明多重迷走神經論如何啟發我們深入理解精神障礙的關鍵，這個代價是，我們會調降自己聽取低頻聲的能力，這類聲音在我們的系統發展史上，是與獵食動物連在一起的。

患有自閉症、創傷後壓力症候群及其他各種臨床障礙的人，其社會參與系統與調降防禦系統的能力都較低，然而，偏弱的社會參與系統在功能上有偵測出獵食動物的優點，能讓人察覺到有人正尾隨著他，在這種生物行為狀態下，他們能聽見低頻率的背景音，只是很難從與人聲有關的較高頻率中，抽取出其意義來。

布：

問題出在他們的中耳結構嗎？

波吉斯博士：有一部分是。但我們並不認為這類差異是永久不變的。我舉個例子。你住在哪個城鎮？

布：我住在康州斯托爾斯村。

波吉斯博士：好。如果你要穿過不太安全的紐哈芬市，而且是和別人一起走，他邊走邊對你講話，你會聽進他說的每一句話嗎？還是會留意身後的腳步聲？

布：我會進入謹慎模式。

波吉斯博士：謹慎模式也就是，你不會真的把對方講的每句話都聽進去，而是會留意背後的腳步聲。我們進入具有潛在危險的新環境時，就會從安全的社會參與系統轉變成監視警覺系統。

低頻聲在人類的系統發展史上，是與獵食動物連在一起的。

從認知的角度來說，我們會使用「注意力分配」一詞來描述這種情形，但從神經生理學模型來看，那不僅是注意力的分配，而是轉換了生理狀態，降低了給中耳結構的神經張力，好讓我們更能聽清楚獵食動物的低頻率聲音。但我們一這麼做，就要付出代價，我們會變得很難聽清楚並理解人聲。

布： 所以我是不由自主的做出這種轉換嗎？

波吉斯博士： 對！幸虧如此！如果聚焦於人聲，可能就會遺漏對生命造成重大威脅的事物了。

布： 也許可以說，人們在應該留意危險時卻沒有去留意。這在結構上、生理上是發生了什麼事？

波吉斯博士： 如果他們沒有留意危險，而是持續注意人聲，那他們的神經系統就會優先關注於發聲的社交特徵，而非潛在獵食動物的危險特徵。

你可以看出個人的神經系統在判定安全與風險因子孰先孰後上的差異。如果你是群體中的一分子，剛來到一個新環境，有些人會反射性地變得超級警覺，停止參與團體討論，其他人則會持續與彼此進行社交對話，直到有人來到他們身後，帶來某些危險。

如果我們運用的模型著重中耳結構之神經調節的適應力，就能去探索中耳肌的神經調節在各組受試者的語言發展遲緩現象上，有何潛在角色的問題。

如果一個孩子來自危險的社區或不安全的家庭，他會有語言發展遲緩的現象嗎？居住在這些環境中的孩童，通常會直覺留意獵食動物，他們的神經系統不會輕易放棄偵測獵食動物的能力。他們的語言發展遲緩現象是因為無法清楚聽見人聲的關係嗎？某人的中耳肌並未妥善專注於抽取人聲時，他會很難抽取出字句的意義。**中耳肌的張力衰弱時，與子音相關的高頻率泛音就會變得模糊，所以他也許知道有人在說話，但無法理解那個聲音的意義何在。**

布：

他們聽得見嘰嘰喳喳的聲音，但無法吸收其中的意義？

波吉斯博士：

對。因為傳達意義的人聲特性，取決於對字尾子音的偵測，其特徵是，它的頻率會高過母音的基本頻率。

我再舉一個例子，衰老的一個自然功能，就是失去精確聽見高頻率聲音的能力，這會降低我們理解他人言語的能力，尤其是有背景音在的時候。

布：

我們有些人確實如此！

波吉斯博士：

是說我們有些人，不是全部的人！身為熟男熟女，我們走進酒吧或嘈雜的餐廳，人們對我們說話時，我們聽得見他們說話的字尾嗎？我們知道他們在說話，聽得見他們的聲音，但我們能理解他們在說什麼嗎？然而，回想自己青少年或念大學時，我們確實能在演唱會現場及酒吧裡認識新朋友，在我們如今認為很嘈雜的環境中聆聽並說話。

我們年輕時，從不會聽漏別人的話，每句話都聽得一清二楚。我們能了解別人在說什麼，是因為我們的神經系統功能能有效調節中耳結構，但隨著年齡漸長，這個特性改變了。

不過，我們的語言與社交技巧會因為這樣而改變嗎？如果我們的中耳神經調節功能到老年時會減退，使我們必須像新生兒般重新學習語言，那可能會造成很大的難題，我們會很難從背景噪音中抽取出言語來，我想許多有自閉症的孩童所經歷的就是這種感受的世界。

安全感是治療成功的關鍵——自閉症障礙的治療

布：

我想先來談談這點對治療有何意義。既然我們在談自閉症兒童，那就從這裡開始，然後再繞回來聚焦於創傷後壓力症候群患者的治療。

波吉斯博士：

我們可以將創傷後壓力症候群與自閉症放在一起談，因為從多重迷走神經論的觀點來看，這裡的關鍵點是我們能否協助另一個人類**感覺安全**。安全是有力的概念，涉及幾種過程與領域的特徵，包括情境、行為、心智過程、生理狀態等，如果我們感覺安全，就能使顏面肌的神經調節產生作用，我們能使有髓鞘迷走神經回路產生作用，它能調降常見的戰鬥／逃跑與壓力反應。我們調降自己的防禦反應時，就能藉此機會玩耍並享受社交互動。

我想將玩耍的概念引進這段討論中。無法玩耍是許多確診精神疾病患者的特徵，然而，無法與他人玩耍、無法自動或相互地表達幽默，很少能構成任何診斷的標準。

我不認為「玩」電動、電腦或玩具等孤立活動是玩耍，我對玩耍的觀點是需要社交互動的。玩耍需要主動運用交感神經系統，然後以面對面的社交互動與社會參與系統來調降交感神經的興奮，在這種模型中，**玩耍是很有效率的神經練習，它運用社交互動來「共同調節」生理與行為狀態；相對地，與電腦或電動等物體的孤立互動，是一種自我調節的嘗試。**

布：

請再說一次——我希望確保每個人都聽見。玩耍的要件是什麼？

波吉斯博士：

舉例來說，我描述一下我的狗兒們如何玩耍。我有兩隻小狗，都是日本狆，兩隻各約三．六公斤重，牠們時常彼此追逐，在屋子裡跑來跑去。在這種追逐遊戲中，一隻狗會試圖逮住另一隻狗，咬住牠的後腿，被咬住腿的小狗則會回過頭來看著牠，這種面對面的互動對於區分攻擊行為與玩耍是極為重要的，面對面互動提供的信號，讓那隻被咬的狗能確認這種咬的行為是在玩耍，不是攻擊；在這種情況下，透過面對面的互動，社會參與系統就能在功能上抑制並調降主動行為，以確保它不會增強、轉化為攻擊性的戰鬥／逃跑行為。

在我的演講中，我會播放已退休的兩位著名籃球選手J博士（Dr. J）與賴瑞．伯德（Larry Bird）的影片，我會先播放兩人似乎是好友的影片，他們一起拍了一支籃球鞋的廣告，然後我再播放他們敵對打籃球的影片，兩人在影片中有很多肢體接觸，時時碰撞彼此。

在頻繁的肢體接觸中，J博士似乎意外打到了伯德的臉，伯德倒在地上，J博士直接走開，連看也不看

> 面對面互動能修補落空的期待，會以聲音和臉部表情來降低為被對方的神經系統解釋為攻擊的行為。

伯德一眼；J博士走掉時，並沒有為伯德提供必要的信號，將他的玩耍的主動行為與戰鬥／逃跑行為區分開來，於是，伯德做出防禦的身體反應，追上去推了J博士一把，然後兩人扭打成一團。

這些例子使我們了解人與其他哺乳動物是如何以面對面互動來修補落空的期待。我們玩耍時，會以支持戰鬥／逃跑防禦行為的生理狀態變化來採取主動行為，接著我們會注視彼此來調降防禦反應，如果我們不小心打到對方，我們會說「抱歉」。我們會以聲音和臉部表情來降低自己的行為被對方的神經系統解釋為攻擊的可能。

玩耍往往需要主動行為，但為了確保主動行為不會轉變成攻擊，玩耍必須要有面對面的互動。在玩耍中，我們會看見行為的相互性是如何運用類似戰鬥／逃跑行為的動作，接著再進行面對面的互動，我們在幾乎所有哺乳動物的玩耍中，都看得到這點。

我們也能用這種交互影響的特性去描述成人之間的其他玩耍方式——行動和能抑制行動的面對面互動，舞蹈便是一例。大多數形式的團體運動都需要面對面的互動，包括經由眼神接觸的溝通，如果面對面的互動不是可行選項，那就會使用聲音來溝通。

在跑步機上運動不是玩耍。**從多重迷走神經論的角度來看，玩耍不是孤立的，而是相互的，需要面對面的互動**，並運用如富於抑揚頓挫的聲音等社會參與系統的其他特性。

在這種觀點中，玩耍不是攻擊的實踐，而是一種功能上運用社會參與系統的神經練習，這是哺乳動物所獨有的系統，可以調降戰鬥／逃跑行為，使我們能牽制這個防禦系統，並使其「社會化」。玩耍是一種神經練習，我們以較新的系統（以有髓鞘迷走神經路徑進行社會參與）來調節系統發展上較古老的系統（以交感神經系統的興奮為基礎的主動行為）。然而有一點很重要，也就是有幾種臨床病徵的人往往玩耍不起來。

布：

我們從這裡來談治療吧！

波吉斯博士：

治療的關鍵在於，基本上**安全感是使治療成功發生的先決條件**。許多成功的治療可做為一種神經練習，運用這種安全狀態為病患提供調降防禦策略的個人資源，藉以透過社會參與系統促進狀態調節。

透過面對面互動來運用社會參與系統，能做為一種神經練習，讓人能運用有髓鞘迷走神經路徑來降低交感神經活動。玩耍實地變成了一種功能上的治療模型，能透過相互的社交互動，操練自律神經狀態的神經調節。即使是傳統的談話治療，也可以被概念化為一種神經練習。

要加強病患的安全感，有一個相對有效的方法，那就是**改變病患環境的物理特性**，臨床醫師可以去除會透過神經覺反射性觸發防禦狀態的聲音，提供能使人平靜並發出安全信號的聲音。**去除我們的神經系統偵測為獵食動物信號的低頻聲是有幫助的，加入輕柔的聲樂或富於抑揚頓挫的人聲，或許有安撫病患的效果。**

臨床醫師必須以抑揚頓挫豐富的聲音來與病患交談，這種聲音富於聲調上的變化。他們必須調整的是**聲**

調而非聲量，才能安撫並使病患放心進入感覺安全的狀態，如果他們仰賴聲量的調整，那病患的神經系統仍可能感覺自己遭受攻擊，於是反射性地轉變成支持防禦的生理狀態。

由於生理狀態會促使病患做出反應並產生感覺，因此臨床醫師必須尊重神經覺的有力角色，盡量了解如何在臨床環境中使用情境信號，使病患進入較平靜、信任的狀態。

治療師如果知道病患的神經覺容易提高防禦性，就能更深入了解如何治療病患，如何透過牽動社會參與系統的神經練習來建立彈性。

在這些神經練習中，治療師與病患雙方都能更了解防禦是如何被「反射性」地觸發。這段過程能使病患了解，生理狀態在利社會行為❺與對創傷的反應上扮演著重要角色，這層認識能降低以為其障礙和自主決策有關的羞恥感——這是病患經常體驗到的汙名。

這裡談的不是治癒疾病，而是減少某些症狀，使生活有障礙的人感覺好受一些。如果我們了解生理狀態能為不同類別的行為提供一個功能性框架，那我們就能察覺到，當病患處於支持戰鬥／逃跑的生理狀態，他就無法進行社交行為。如果病患處於關閉的生理狀態，那他在功能上就無法從事社交互動。

治療的一個重要目標，是使病患有能力進入可從事社會參與的生理狀態，在培養這種能力時，病患會被

---

❺ 利社會行為（rosocial behavior），自願的、有意識的從事助益他人或對社會有正面結果的行為。

告知，由於神經覺過程，他只有在安全的環境下才能進入這種生理狀態；有了這層認識之後，我們就必須建構適當的環境，去除觸發危險與生命威脅之神經覺的信號，而去除低頻聲就是一個很好的開始。

布：

醫院必須讓病房隔音嗎？

波吉斯博士：

是的。他們必須創造出「安全地帶」，透過神經覺觸發安全的生理狀態。醫院需要這類安全地帶，而非使人感覺脆弱的地帶，如果你是入院病患，醫院裡很少有地方能讓你感覺「安全」，你的個人空間會被侵犯。多數人都有那類經驗。

布：

是的。但那意味著什麼？

波吉斯博士：

那意味著你在醫院感覺不安全，**你的身體會處於支持防禦而非健康與復原的生理狀態，而處於防禦狀態**

會干擾復原。心理上，你會以過度警覺來代替信任，那意味著你的社會參與系統會關閉，因為在人們對你指指點點的環境中，你接觸不到社會參與系統。

布：

是的。他們或許可以給你時間表，讓你多少能預測某些事。

波吉斯博士：

我們的神經系統喜歡可預測的事物。

布：

那創傷後壓力症候群的病患又是如何？

波吉斯博士：

在演講中，我會告訴臨床醫師：「對病患嘗試不同做法吧。」我說：「請告訴有創傷經歷的病患，他們應該慶幸自己的身體做出的反應，儘管目前他們擺脫不了的生理與行為狀態限制了他們在社交界中活動的能力。他們應該慶幸自己的身體做出的反應，因為這些反應讓他們活了下來，救了他們的命。它減少了某些傷沒有所謂的不良反應，只有適應性反應——神經系統試圖做出有利我們存活的事。

害，如果他們在強暴等攻擊性的創傷事件中起身反抗，他們可能會送命。要讓他們對自己的身體反應感到慶幸，而非罪惡，以為身體在他們想展現社會性時不管用。先嘗試這種做法，再看看接下來的發展如何。」

臨床醫師告訴病患這個簡單的訊息後，我通常會收到電子郵件表示，他們的病患自發地改善了。我想之所以如此，是因為病患開始能不把自己看成做了不好的事。

這和我所反覆提到的另一點是一致的，也就是沒有所謂不良反應這回事——只有適應性的反應。這裡的要點是，神經系統試圖做出正確的事，以利我們存活，而我們必須尊重它的舉動，**我們能尊重身體的反應，就能脫離這種評價狀態，而更能尊重自己，這在功能上是有助於治癒過程的。**

還記得大多數療法是怎麼做的嗎？這些療法往往告訴病患，他們身體的反應不夠充分，它們告訴病患，他們必須做出不同的反應。他們必須改變，因此那些治療本身對個人的評價是很苛刻的，**一旦我們被評價，基本上就會處於防禦狀態，就不再處於安全狀態了。**

布：

教學也是如此。

波吉斯博士：

是的。我做過幾場正念（mindfulness）的演講，在演講中，我說明正念需要感覺安全，因為如果感覺不安全，我們在神經生理上就會對四周環境做出評價，而不再能感覺安全，在這種防禦狀態下，我們無法與他人互動，也無法運用出色的神經回路，表現出我們身為人類開放大度、有創意、和藹可親的那一面。如果我們能創造出安全的環境，那就能接觸到那些神經回路，使我們具有社交性，能夠學習，並感覺良好。

有效利用聲音的療癒性——聽音計畫療程

布：

你有一個醫療介入計畫，我認為人們會想多加了解。

波吉斯博士：

是的。我從一九九〇年代晚期開始進行這個介入計畫的研究，當時我正嘗試以某種技術來激發多重迷走神經論的特性。

多重迷走神經論（尤其是著重社會參與系統的那個部分）認為，如果我們運用富於抑揚頓挫的聲音來牽動中耳肌，那些肌肉便能幫助我們透過神經回饋，從背景音中抽取出人聲來，這種形式的主動聆聽會改變生理狀態，使個人更能自發地社交。

我們從母親以起伏有致的聲音來安撫嬰兒，可觀察到這個系統，我們聆聽富於抑揚頓挫、音調變化的聲音時，應該就能觸發這種系統。這個模型的規模很小，僅聚焦於為神經系統提供聽覺信號，觸發其安全的神經覺。我們開始在自閉症兒童身上測試這種介入手法時，獲得了驚人的效果。

過去十年來，有兩百多名兒童與幾名成人參與了運用上述聽音介入手法的研究，我們觀察到，他們的聽覺超敏反應減少了，聽覺處理過程改善了，自發的社交行為增加了，迷走神經對心臟的調節（即呼吸性竇性心律不齊）也提升了。

布：

那兩百個人——他們都是自閉症患者嗎？

波吉斯博士：

是的，大多數都有完整的診斷書，然而，你的問題激發了研究自閉症患者的其他相關問題。我開始研究自閉症兒童後，意會到自閉症這種診斷範疇不是很精確，病患的症狀與運作情況不一，因此我判定，如果我聚焦於聽覺超敏反應，就能進入有助益的領域，又不會引起諸如試圖治癒自閉症的爭議——尤其因為界定自閉症特性的定義，似乎不是很有條理，也並非出自於一般的神經生理基礎。

自閉症是非常複雜的障礙，牽涉的不僅是被診斷出病症的個人，也影響著患者的家庭。只要談到治癒自閉症，就會引起研究社群的爭議。由於那類診斷認為自閉症是終身障礙，根據的是一個尚待辨認的遺傳肇因，以及尚待辨認的腦部／神經系統功能徵候，因此精神醫學界往往會將症狀的逆轉解釋成是因為診斷錯誤，而非真正的復原。為了避開爭議，我讓自己的介入研究策略以聽覺超敏反應為主。

為了將那種介入所運用的機制客觀化，我們研究團隊必須開發出一套客觀方法來測量中耳結構的功能。過去十年來，我與以前研究所的學生葛雷格・路易斯（Greg Lewis）共同開發了一項裝置來測量中耳傳遞函數，辨認出能實際通過中耳傳入大腦的是哪些聲音。我們將這個裝置稱為中耳聲音吸收系統（middle ear sound absorption system），簡稱 MESAS。

有了 MESAS，我們就能測量聽音計畫療程是否能改變實際傳入大腦或被耳膜擋掉的聲音特徵了。我們一路試驗 MESAS，如今也在三個臨床試驗中運用 MESAS 來評估聽音計畫療程。

當中耳肌變得緊繃時，較高頻率的人聲就會通過中耳結構，經由聽神經傳入腦部，低頻率聲音的聽覺能量則多半會被耳膜擋掉。耳膜非常類似定音鼓。如果中耳肌在功能上使耳膜變得緊繃，那麼較輕柔、高亢的聲音就能傳入腦部；如果中耳肌失去了這種張力，那耳膜就會變得較柔軟，使較大聲、低沉的聲音傳入腦部，而讓高亢的聲音失落在背景雜音中。

我們聽見低沉的聲音時，神經系統會對偵測到的低沉聲音秉持偏見，準備偵測獵食動物的行動，這種聆聽獵食動物動靜的優點，卻造成了聆聽人聲的困難。透過 MESAS，我們能客觀測量出中耳肌對聽覺處理過程的功能性影響。

MESAS可以用來量化中耳傳遞函數的個體差異，並在背景雜音中辨認出與難以理解的人聲所相關的是哪些弱點，即使是在正常人的有限範圍內，我們也能見到效果。

這個裝置如今還能客觀測量反應著治療效果的函數變化，這是一大突破，因為在開發出這項裝置前，要評估聽覺超敏反應僅能憑主觀判定，治療有語言問題的孩童時，得要請家長提供關於孩子主觀經驗的資料，而家長還非得是孩子的精確觀察者不可，否則就很難提供有效的資訊。

在參與聽音計畫療程後，一位父親描述了關於他自閉症兒子的一則有趣故事。在進行這項介入手法之前，每當受聲音所擾，他的兒子就會將手指插入耳朵裡——這是自閉症兒童對噪音的常見反應。去年他的兒子參加國際特殊奧運，這位父親告訴我，當開始的槍聲響起時，其他站在起跑點的孩子都停了下來，把手指插入耳朵裡，但只有他是例外。他很快起跑，並贏了比賽。

這裡的重點是，許多兒童身上的聽覺超敏反應，如今是可以用我們開發的手法治療的。

隨著聽覺超敏反應的降低，另一個非常重要的特性通常也會出現：聽覺處理過程的改善；隨著聽覺超敏反應的減少，個人就更能處理人聲，其語言發展便隨之改善。雖然我還未在創傷後壓力症候群的患者身上試過這種療法，但我們正以這種介入手法測試對受虐兒童的效果如何，而初步的發現是正面的。

布：

我明白你能以這種方法測量在兒童身上的效果，但一旦你感受到成效後，要如何以那種成效來治療他？

波吉斯博士：

我還未解釋聽音計畫的內容，謝謝你帶我回到這個主題！聽音計畫療程其實非常簡單，也就是聆聽「聽覺刺激」。療程中會運用聲樂，因為我們想強調人聲中抑揚頓挫的特性，記得我剛才提過關於抑揚頓挫的效果吧？**如果我們聆聽音調大幅調整過的聲音，我們的神經系統在功能上就會開始觸發與安全有關的狀態。**

在這層認識下，我們加強了聲樂的抑揚頓挫，特製電腦演算法來處理音樂。如果你來聽，可能會覺得有時音樂聽起來像是快消失了，音樂聲非常微弱，然後再增強，接著再變弱。聲音消失時，你可能會竭力想聽清楚，你可能主觀感覺到某種失落，聲音回來後，你會欣喜不已。

藉由調節頻率帶，我們會主觀感覺自己被拉進或拉出那個聽覺環境，這種介入手法的目的是觸發與安全的神經覺有關的神經回路，通常是如母親安撫嬰兒的那種富於抑揚頓挫的聲音所觸發的。這種介入手法加強的是抑揚頓挫而非音量，這意味著它會讓發聲的聲音特徵更有旋律性，音調變化更多，此外，通常會觸發防禦反應的低頻聲則會被移除。我們會在安靜的房間內，將這類經過調整的聽覺刺激傳給兒童，因為我們尊重這個事實：這類兒童可能較難處理其他形式的刺激，包括與其他人類的互動。

這種介入手法的特點有二：

一是要讓兒童處於平靜、支持著安全感的生理狀態中。

二是要讓他暴露在經過調整的聽覺刺激中。只有當神經系統不需要過度警覺與防禦時，它才能調節中耳肌，讓他體驗到調整聲音後帶來的神經生理益處。

從我的觀點來看，這種介入手法是一種需要被動聆聽聲音的神經練習，能引發神經系統對富於抑揚頓挫的聲音產生需要，或觸發其對這類發聲的固有興趣。觀察參與此介入手法的兒童，使我們有機會看到調節整合社會參與系統的神經回路運作的過程，在許多兒童身上，顏面肌會變得更活潑有生氣，聲音裡的抑揚頓挫也會增加，因為他比較能聽見自己的聲音了。在功能上，這種介入手法也能增進迷走神經對心臟的調節，使生理狀態平靜下來，讓聲音的抑揚頓挫變得更豐富。（現在臨床醫師可藉由整合聆聽系統〔Integrated Listening Systems〕參與「安全與聲音療程：社會參與的入口」〔Safe and Sound Protocol: A Portal to Social Engagement〕的聽音計畫療程：http://integratedlistening.com/ssp-safe-sound-protocol/）

音樂如何促進親密——安全的信號

波吉斯博士：

你還記得強尼·馬賽斯（Johnny Mathis）這位歌手嗎？

布：

喔，記得啊！

波吉斯博士：你的語氣中聽起來有某種嚮往。

請告訴我，你還記得馬賽斯的歌聲如何？

布：喔，很甜美，旋律性強。

波吉斯博士：是的。

那麼，就生理學而言，播放他的歌時，你會有何感受？

布：平靜，想跟著他一起唱。

波吉斯博士：在你的成長過程中，是否有某些社交環境會播放他的歌？

布：很可能有！

波吉斯博士：基本上會用在青少年想更靠近彼此的時候，對吧？

布：沒錯！

波吉斯博士：當時我們不知道，馬賽斯歌聲中豐富的旋律性會觸發神經覺回路，使我們感覺安全，當我們感覺安全，我們就能享受肢體接觸，在某個意義上，馬賽斯大幅分散了防禦心。如果你回想自己聽馬賽斯歌曲時的身體與主觀反應，就能直覺地理解聽覺療法如何運作了。調整馬賽斯聲域中的頻帶，使其類似母親唱給寶寶聽的搖籃曲，能觸發使人類感覺較安全的神經回路，即使是想像並回想馬賽斯的歌聲，你的聲音就會開始產生不同的音調。聽音計畫療程不是長期密集的介入，只是五階段各一小時的療程。如果有效的話，通常會在第三天觀察到它的療效，頭兩天其實比較是要讓兒童習慣那種介入環境。

> 以單音節說話的人，很難讓人理解他在說什麼，因為那種聲音無法誘使我們抽取出資訊來。

我想強調的是，神經系統彷彿正等待著馬賽斯來關掉我們的防禦反應，我們坐著那裡等候人聲起落，偵測到抑揚頓挫豐富的聲音時，對這類聲音的神經反應會改變我們的生理狀態。

相對於抑揚頓挫的聲音帶來的誘人影響，那些諷刺大學教授上課無聊的漫畫，會畫出他以單音調說話的樣子，這是神經覺如何改變生理狀態的另一個例子，不過**單調的聲音造成的是失去興趣與昏昏欲睡**。大家或許會想起班．史坦（Ben Stein）經常扮演的角色，就是這種人格的諷刺肖像。以單音節說話的人，很難讓人理解他在說什麼，聽者無法被拉進討論，因為那種聲音無法誘使我們抽取出資訊來。

在我們的認知界，尤其是教育系統中，根本極少去關注聲音如何吸引人的興趣與注意力，認知界的焦點是字句的內容，而非傳達字句的聲調。

治療師必須了解，治療環境的信號對治療過程是否成功至關緊要，背景音會改變病患的生理狀態，限制他對治療的反應。此外，重要的不僅是臨床醫師在療程中使用的字句，還有他們如何運用聲調來觸發患者安全的神經覺。

我們的見解在療程中所能做到的，往往遠不及治療環境的聲音特徵與治療專家的聲調。

布：

你在自閉症兒童身上進行的這種中耳肌的鍛鍊，是否也曾運用在年長者的身上，以了解能否協助他們恢復一些分辨背景音的能力，增強他們的聽力？

波吉斯博士：

我有想過要這麼做。你的直覺是正確的，年老也會造成系統的功能性損害，我曾決定親身體驗那種介入刺激的效應，以判定延長那種手法是否有任何效果。我想知道如果下重藥會發生什麼事！

起初我擔心的是疲乏，因為那種介入手法的目標是刺激非常小的快縮肌，它可能很快便會疲乏。

我一天接受聽音計畫療程中的聽覺刺激六到八小時，幾天下來，我對高頻聲變得超級敏感到根本沒辦法坐在桌子前，因為電腦的風扇對我而言太吵了。我能聽見正常情況下只能傳送很短距離的高頻聲，我能聽見自己的孩子在說話——儘管他們的房間是在房子另一頭，我對人聲的頻帶敏感到無法忽視，我花了整整兩週才回到正常的聽覺敏感度。現在我懂得謹慎了，我非常尊重個人的靈敏度與弱點。

我為聽音計畫療程設定參數時，微小中耳肌的神經調節給了我啟發，這種肌肉會很快疲乏，肌肉疲乏時，身體會偵測到它筋疲力盡，有幾位聽音計畫療程的參與者回報過那種筋疲力盡的感覺——儘管他們一天只聽一小時。我們收到回報說，參與者接受介入療程後往往睡得很好，我猜他們筋疲力盡是因為那些微小肌肉感覺疲乏，因而將疲乏的信號傳送給神經系統。這些小肌肉提供的回饋信號強度，似乎並不亞於較大的肌肉跑了幾公里後的疲乏。

布：

如果他們愈來愈常使用那些肌肉，能建立出耐久度嗎？

波吉斯博士：

可以。對有正常聽力與社會參與行為的人而言，中耳肌的張力較強，但對其他許多人來說，那種神經張力較為鬆弛，才能促進聆聽獵食動物聲音的低閾值狀態；這種鬆弛的發生，可能是為了反應疾病與發燒，或為了反應創傷性事件（暴露在危險與威脅生命的信號中）。一旦安全得宜的環境觸發了感覺安全的回路，社會參與的正面特性就會提供社交報償，使其系統繼續運作。

就某個意義而言，中耳肌的收縮在社交環境中能帶來雙向的報償。當孩子與父母說話，父母回看孩子時，家庭便構成了這個互動回饋圈的單位，讓那個孩子能說得更多，也聽得更多。

然而，不是所有父母都會在孩子接觸他們時有所回應。經常有專業人士的孩子到我的實驗室來參與介入研究，我曾在一場大會上見到一個參與研究的孩子的父親，便問他兒子的情況如何。

回答我的問題時，那位父親中斷了眼神接觸，把頭九十度轉開說：「他很好。」那位父親的行為違反了我的社會參與系統的期待。我對他說：「如果你在跟他說話時別開頭，那他的問題會很快重現。你不能在說話時把頭轉開，即使是不由自主，你也得自我監控。」如果那位父親持續別開頭，那麼將會關掉他孩子的社會參與系統。

我們這個物種的適應力非常高，如果我們來自父母憂鬱或一團混亂的家庭，我們會以不去接觸他們來適應，我們會調降自己的社會參與系統，但我們調降社會參與系統時，會開始出現其他臨床障礙的症狀；那並不表示我們註定會終身陷入那類障礙，而是表示我們的社會參與系統被調降了，但如果有適當的刺激，它可能會再度運作。聽音計畫療程就是開發來喚醒蟄伏的社會參與系統，使其功能發揮到極致——儘管它似乎運作不良。

布：史蒂芬，謝謝你的研究。我相信你的努力會改變很多、很多人的人生。這是一種典範的轉移，我只想對你表示感謝，我對你的研究有諸多敬意。

第二章 安全感建立於人我互動

史蒂芬．W．波哲斯&露絲．布辛斯基

社交行為對生理狀態——自律神經系統的狀態——是有影響的，從感覺安全的個人身上獲得的信號，能使生病或狀況不佳的人不處於防禦狀態中。處於防禦狀態時，人類會運用新陳代謝資源來進行防禦，我們害怕時不僅無法產生創意或愛，也失去了療癒能力。

> 生理反應是一扇動態窗口，顯示神經系統因應各種挑戰的能力。

布：

我們聽過心率、呼吸等下意識功能，是如何隱約地與社交關係（諸如信任、親密感等）有關。如果確實如此，那對治療便會產生很大的影響——對於焦慮、憂鬱、創傷的治療，甚至是對自閉症的治療，都將因此受到影響。

但不僅是神經系統會影響人我互動，反過來看，我們與他人的互動也會影響神經系統。

史蒂芬，在你的觀察中，心率相對穩定的人、比較能自我調節的人，對創傷與其他經驗的反應，似乎不同於心率並不穩定、無法自我調節的人。

波吉斯博士：

心率模式是觀察神經系統如何調節身體的入口。當心率模式顯示良好的週期性振動，基本上就說明了我們的狀態良好，它反映出體內恆定系統的調節良好。

當這個系統受到挑戰，從末梢、內臟、心臟傳到腦部的神經回饋會改變，並反映在迷走神經對心臟的調節上。

迷走神經對心臟的調節，會動態地反映在心率變異的幅度上，也就是呼吸性竇性心律不齊。

與其談論心理經驗的生理關聯值，不如將生理反應想成一扇動態窗口，顯示神經系統因應各種挑戰的能力，以及身體如何反映出那些調整。

你來我往互動——愈互動，活得愈好

布： 你的理論提供了那項觀察背後的組織原則，我敢肯定，你正將幾種各自為政的科學領域與治療領域結合在一起。你的看法如何？

波吉斯博士： 我研究了一輩子，才理解到我們的生理基本上與心智及行為狀態有關。那是一段奇妙的經驗，因為我能運用自己的研究與專業來探索關於神經系統功能的種種概念——真正理解我們如何在複雜的環境中運作。

多重迷走神經論的概念相對基本，但不易掌握。過去數十年來，甚至數世紀以來，人們都掌握不住它。轉換方向，嘗試從演化觀點理解神經系統是如何對挑戰做出反應，將生理與行為的轉變看成與生存有關的適應策略，才能從中揭露它的概念。對哺乳動物來說，其適應策略在功能上是系統發展史的重演，我們從中得知自律神經系統的調節是如何在脊椎動物的演化中改變，尤其是從已滅絕的古代爬蟲類到哺乳動物的演化。

布： 這段演化不僅是生物演化，也是基因演化。

波吉斯博士：

對，系統改變了，為我們這種哺乳動物提供了各種適應功能，因此，理解多重迷走神經論的真正課題在於，要去了解**人類身為哺乳動物是要與其他哺乳動物、其他人類互動，才能夠存活的**。這個重要方面其實就是你來我往互動（reciprocally interact）的能力，相互調節彼此的生理狀態，從根本創造出使個人感覺安全的關係來。

如果將這點看成人類所有發展層面的主題，甚至是老化的主題，那依附等概念就開始產生意義了，親密、愛、友誼等概念亦然。但話說回來，霸凌與找人麻煩、配偶之間的衝突等也開始說得通，課堂中的對立行為也開始有道理可循。

基本上，我們的神經系統渴望以你來我往的互動促進感覺安全的狀態調節，這種互動能力的破壞，就成為發展異常的特徵。

話雖如此，但人們往往認為那和行為有關，而非生理，然而，多重迷走神經論告訴我們，那就是一種生理問題，**社會支持及社會行為的神經路徑，與支持健康、成長、復原的神經路徑是相同的**；它們是相同的路徑，心—身與腦—身科學不僅相互關聯，兩者其實是同一件事，只是看待的角度不同。

布：

我想請你再重複一遍：兩者的神經回路是相同的。

人類的神經系統追求的是安全，我們會運用他人來協助自己感覺安全。

波吉斯博士：

我們有支持社交的神經回路。再說一次，在社會心理學與行為醫學的領域，人們對友誼或接近他人如何協助我們促進健康，或從傷害、疾病與其他破壞性經驗中復原很有興趣。

這類治療歷來都被當成是一種給予人們社交支持的議題，但真正的問題不在那裡，真正的問題是，適當的社交互動所運用的神經回路，其實和支持健康、成長、復原的神經回路是相同的；讓病患進入他無法感覺安全的環境，是在傷害他，而不是幫助他。

因此，這裡的重點是去了解，**人類的神經系統就和其他哺乳動物的神經系統一樣，是有尋求目標的，那個目標就是安全，而我們會運用他人來協助自己感覺安全。**

感覺安全有助療癒——社交對生理狀態的影響

布：

大約三、四年前，有人以治療失當的醫師為主題進行研究，他們召募了一群生病的人，將他們隨意分配給不同醫師看病，其中一半的人獲得了溫暖的回應，醫師很有同情心地聆聽他們的症狀；另一半的人雖然也獲得了治療，但醫師的態度並不窩心親切。他們發現，獲得噓寒問暖的人，從流感中恢復得較快。

波吉斯博士：

這在生理上是說得通的，但我們對保健的理解始終缺乏這一點。

布：

為什麼說在生理上說得通？

波吉斯博士：

因為社交行為對生理狀態（自律神經系統的狀態）是有影響的，從感覺安全的個人身上獲得的信號，能使生病或狀況不佳的人不處於防禦狀態中。**處於防禦狀態時，人類會運用新陳代謝資源來進行防禦，我們害怕時不僅無法產生創意或愛，也失去了療癒能力。**

療癒的神經路徑與社會參與的神經路徑重疊。說得更具體一點，那條路徑就是從腦部傳送資訊到末梢的迷走神經路徑，它會向身體發出安全的信號，使你平靜下來。如果神經系統的高層部分偵測到風險或危險，這種迷走神經的平靜反應就會收斂，我們會準備做出戰鬥／逃跑行為，而這會透過系統發展上較古老的回路（即交感神經系統）發生，促使我們透過主動行為進行防禦。

多重迷走神經論告訴我們，**在系統發展上最晚近的迷走神經回路，只有在身體偵測到安全特徵時才會發揮作用。**除了安撫我們的內臟狀態，這條回路也使臉部運作，使之做出豐富表情，發出充滿抑揚頓挫的聲音，當他人投射出這些特質，我們的身體就會安靜下來，聲音與臉都會表現出正面的感受。我們的下側顳葉皮質會讀取他人的聲音與臉投射出的資訊，這個腦部區域會偵測生物運動，並反射性地詮釋其意圖。如果你將手放在一隻陌生小狗的頭上，那會發生什麼事？牠可能會反過頭來咬你一口；如果你將手放在牠面前，牠則會聞一聞你的手，將你的舉動詮釋成一種不帶意圖的互動行為，那就不會產生防禦反應。

下側顳葉皮質有助於詮釋臉部表情、聲調與手勢，這段詮釋過程會導致「神經性」的決策，判斷對方的互動特徵是安全或危險，而這不是一種認知過程。

布：

沒有能力讀取那些信號的人怎麼辦？

波吉斯博士：

多重迷走神經論告訴我們，無法讀取這些信號是一種生理狀態功能。功能上，如果一個人採取主動行為，進入防禦狀態，他就很難偵測到安全的信號，如果他關閉或解離了，那要他偵測安全的信號更是天方夜譚。

我想延伸一下上述的答案，討論為何要發展出多重迷走神經論。科學家已了解到我們有戰鬥／逃跑系統，也有平靜系統，但他們不明白，我們的平靜系統不僅運用了高度演化、哺乳類特有的迷走神經，其實也與頭臉部肌肉的神經調節有關。

這便是多重迷走神經的一個重大貢獻，還有一點也很重要，即自律神經系統會依層級做出可預期的反應，在這種層級性反應中，哺乳類特有的迷走神經系統有可能削弱交感神經系統的功能，而文獻所缺少或不重視的那個部分，也就是關閉（裝死）的古老防禦系統，就像貓口中的老鼠所做的反應。

教育與文化給我們的概念是，要將人類想成僅有一種防禦系統，這種系統會增加主動反應，表現出來是戰鬥／逃跑行為。就連我們的詞彙也限制了我們理解防禦的能力，我們經常以「壓力」這個字來描述處於高度主動防禦狀態的身體。

遭遇創傷的個人如何描述自己的反應？如果你感受到壓力，心臟會跳得很快，你會感覺緊繃。但遭遇創傷與虐待的人未必會描述自己身上有這些特性，訪問創傷的倖存者時，他們往往是以關閉、失去肌肉張力、失去意識、解離等，來描述其個人創傷與受虐經驗。他們向臨床醫師描述其特徵時，醫師往往認為病患是在壓力狀態下體驗創傷，那種壓力狀態的特徵是交感神經系統的活化與相關的戰鬥／逃跑行為。

病患體驗與治療師詮釋之間的格格不入，有可能會對治療造成不良影響，因為病患會感覺治療師不聽或不了解他的個人敘事。這就是遭遇嚴重虐待與創傷的人為何往往難以說明其經驗的原因，他們的困難在於，臨床醫師、朋友、家人對他們語彙中的非主動防禦系統概念，往往一無所知。

討論心理生物治療、壓力與恐懼的基本模型時，人們會問我：「你研究的是恐懼嗎？」我說：「你的意思是會讓我們逃走的那種恐懼？還是令我們昏厥的那種恐懼？」

我們討論時會運用心理概念，但那些心理概念無法充分勾勒出生物適應反應的全貌。我現在之所以和你談多重迷走神經論，是因為在創傷領域工作的人，發現這個理論能解釋病患的幾個特徵——在這個理論出現以前，他們無法解釋病患主訴的一些特徵。

我是為了解釋嬰兒的心跳過緩與呼吸中止而發展出這個概念，但我很震驚地發現，它能轉譯為遭受虐待與創傷時的個人經驗。我很高興臨床醫師與病患能勇敢地以多重迷走神經論來證實他們的敘事，說明他們的身體曾英勇地對創傷做出了反應；他們理解到，自己的身體做出了適應反應，使他們活下來。

我們對世界的反應——哺乳類的三種防禦系統

從我的觀點來看，多重迷走神經論的一大貢獻是，它道出了自律神經系統的三個部分是以層級組織的方式，循序回應各種難關。

我們在安全的環境下能有效率地偵測信號，我們會立刻處理臉部表情、手勢、聲音的抑揚頓挫等。我們必須強調安全環境促進這些能力的重要性，那就像現在這樣，我們各自坐在封閉的環境中——你坐在有一扇門和四面牆壁的屋子裡，我也坐在有一扇門和四面牆壁的屋子裡——不須擔心背後會發生什麼事，也不須將目光從彼此身上移開，以偵測是否有潛在未知、未被察覺的危險。如果我們是在公共區域進行訪談，那神經系統就會時時想要我們回頭看了，我們會想去辨認潛在的風險。但我們在自己的房間裡沒有風險，我們在社會環境中創造了自己界定為安全的地方，因為它有某種程度的結構與可預測性。我們深知自己的神經系統想要這樣的環境，我們知道如果進行面對面的互動，就能驅散許多事件的錯誤詮釋，因此，面對面的互動（尤其是在安全環境中的互動），往往非常有助於減少並解決紛爭。

我們也知道交感神經系統其實不是來找麻煩的，我們感激它能促使我們活動、保持警覺與精力充沛。但如果以它為主要的防禦系統，那就可能為他人和自己帶來危險了；當自律神經狀態鋪天蓋地被交感神經系統接管，就某種意義上，我們會動輒受驚嚇，我們會攻擊別人，對他人的信號做出錯誤詮釋。

多重迷走神經論告訴我們，**當交感神經系統不受（哺乳類特有的）有髓鞘迷走神經回路限制時，它就會變成防禦系統，破壞進行社交互動的嘗試。**

但我們還有一個防禦系統，也就是關閉系統，同樣發揮著適應功能。它會提升疼痛的閾值，使人在無意識的狀態下挺過駭人的虐待，而這能協助你活下來。

但採用那種生存策略是有後果的。雖然哺乳類已經演化到能迅速從社會參與的安全狀態轉換到與交感神經系統活化有關的主動反應，但我們並未演化到能有效率地從關閉變成主動，或是從關閉變成具社會參與性。從受虐者的角度來看，如果他們可以採取主動防禦，他們自然會追打對方或從所在之處逃離。從層級的角度來思考那些反應會很有用，每條回路都有適應功能——每條回路都有一個實用目標。

我們運用非主動回路進行防禦時會產生問題，是因為神經系統沒有能跳出那種狀態的有效路徑；許多人需要治療，就是因為他們無法跳出那種非主動的回路。

迷走神經同時掌控著關閉與平靜——迷走矛盾

迷走神經與關閉狀態（如昏厥、心跳過緩、呼吸中止）有關，但也與社會參與及平靜有關，事實上，迷走神經的功能很矛盾，多重迷走神經論就是試圖解開這種矛盾的產物。

這兩種過程如何透過同一種神經進行？我們是否能假設，這代表物極必反，好事到頭來會樂極生悲？這種推論對我來說並不合理，因為我在研究中觀察到的嬰兒並非如此。我觀察到，心跳過緩只有在背後缺乏心率變異時才會發生，這點很令人困惑，因為過去認為心跳過緩與心率變異都是由迷走神經路徑來調節的。沒有強力的心率變異模式，就會出現心跳過緩的情形，這項觀察讓我的思考陷入窘境。

在某個意義上，身為科學家是絕佳的職業，但不是因為能見多識廣，而是因為能面臨未知，科學是由問題所驅動的，而問題可以組織成可試驗的假設。

在上述情況中，為了理解迷走神經的矛盾功能，我便去研究心臟的神經調節是如何演化的，尤其是迷走神經功能如何隨著脊椎動物的演化而改變；這是很有趣的故事，隨著研究在數個領域進行，它還在發展當中。

人們或許認為，研究調節自律神經功能的神經系統如何演化，著實令人昏昏欲睡，但能從原始已滅絕的爬蟲類到哺乳類的系統轉變中辨認出神經的變化，是很令人興奮的。我們的古老共同祖先可能有類似烏龜的自律神經系統，而烏龜的主要防禦系統為何？關閉、甚至把頭縮回殼裡！

哺乳動物繼承了這種古老的神經關閉系統，它深嵌在我們的神經系統裡。我們不常使用這個系統，如果使用，會出現幾個風險，身為哺乳動物，我們需要大量氧氣，因此使心率變慢、中止呼吸，不是一件好事，然而，如果主動行為無法使我們逃離危險，神經系統可能就會自動轉變成這種非主動系統。

再次重申，這裡的問題是要了解，我們本身也可能經歷的這種生理回路或狀態，而這**並不出自於自主的選擇**。神經系統會在無意識的狀態下做出評估，我使用「神經覺」這個詞來對神經系統扮演的角色表示敬意，它會反射性地評估環境中的風險特徵。

如果你開始對我感覺安全，那可能是因為**我的聲音有抑揚頓挫，我的手勢吸引人，我沒有對你大喊大叫，我不以低沉的聲調講話，我沒有說教或強迫你接受什麼資訊，照這樣下來，你會開始深入聆聽我的話並平靜下來**。如果我用多數大學教授的語氣說話，你就會開始翻白眼，失去聆聽的興趣，並說自己做了個好決定，那就是不當臨床醫師！

當我們花較多時間處理概念並與物體（而非人）互動，那可能會改變我們面對並與他人互動的能力。我稍後會將這些觀念合併起來談，但首先我想強調，多重迷走神經論是運用演化為組織原則，來拆解、理解調節著生物行為狀態的神經生理回路。

在系統發展上較早期的脊椎動物只有無髓鞘迷走神經，它調節生理狀態的效率不及有髓鞘迷走神經，這種無髓鞘迷走神經回路為遠古脊椎動物提供了以非主動反應來防禦的能力，而那意味著減少新陳代謝的需求、減少氧氣需求、減少食物需求。

隨著脊椎動物的演化，脊椎交感神經系統開始出現在硬骨魚身上。這種系統支持運動，包括團體的協調運動——例如魚的成群游動。這種主動系統的活性高時，就會變成防禦系統，並抑制非主動回路。隨著哺乳類演化，迷走神經也出現變化。哺乳類動物的迷走神經路徑不同於其演化上的先祖，這種新的迷走神經回路有能力降低交感神經系統的活性。藉由積極抑制交感神經系統，這種哺乳類特有的迷走神經能調降戰鬥／逃跑的防禦，使社會參與行為自動出現，同時使新陳代謝資源及恆定過程處於最佳狀態。我們有社交性、願意參與時，便能降低新陳代謝的需求，將身體資源用以促進健康、成長與復原。

我們有社交性、願意參與時，便能降低新陳代謝的需求，將身體資源用以促進健康、成長與復原。

還有另一個重點，能使人平靜下來的迷走神經出現在哺乳動物身上後，調節較新的有髓鞘迷走神經的腦幹區也連上了控制頭臉部肌肉的腦幹區。**腦幹區掌控著我們透過中耳肌聆聽的能力、透過咽喉肌發聲的能力、透過臉部表達情緒與意圖的能力。**

身為臨床心理學家，你看著病患的臉、聽著他們的聲音時，會推測與他們的生理狀態相關的資訊，**因為臉和心在腦幹中是連在一起的。**再次說明，尤其是在治療創傷病患時，一個重要的臨床觀察是，情緒平板的上半部臉部，是與缺乏抑揚頓挫的聲音共變的。有著這類特徵的病患，可能也有從背景聲中區分出人聲的困難，同時，他們也對背景聲過度敏感。

我們聆聽聲調（聲音的抑揚頓挫）時，就是在讀取他人的生理狀態，**如果生理狀態平靜，就會反映在聲音的抑揚頓挫上，而聆聽那種聲音使我們平靜。**另一種思考發聲與聆聽關係的方式是去了解，早在哺乳動物出現語法或語言之前，就有各種發聲，而發聲是社交互動的重要組成。向同種動物（同一物種的成員）發聲傳達著靠近牠是危險抑或是安全的。

運動與感覺路徑的管道——迷走神經路徑

布：

迷走神經是一組神經，還是一條起自數個腦幹區的神經路徑？

波吉斯博士：

我從兩個方面來看這個問題。

你可以這麼問：迷走神經是起自哪裡？或是問：迷走神經會通往哪裡？

迷走神經運動纖維來自腦部，通往內臟器官，迷走神經感覺纖維則位於不同區域，通往腦幹，不過兩者是以同一條類似於管道的神經來離開腦部——請將迷走神經想成一條管道，一條有許多纖維的纜線。迷走神經不僅是運動神經，只從腦部通往內臟，它其實也是感覺神經，從內臟向上通往腦部。

現在你有了能解釋諸多心—身、身—心、腦—身、身—腦關係的神經路徑了。迷走神經有八成的纖維是感覺纖維，大約六條運動纖維中才有一條是有髓鞘纖維，這少數的有髓鞘迷走神經運動纖維十分重要，能為膈上器官提供主要的迷走神經運動輸入。大多數無髓鞘的迷走神經路徑則調節著膈下器官。

迷走神經路徑有三種，包括感覺纖維與兩類運動纖維——通過無髓鞘迷走神經的運動纖維（膈下迷走神經），主要通往腸道等膈下器官；通過有髓鞘迷走神經的運動纖維（膈上迷走神經），主要通往心臟等膈上器官。在腦幹中，感覺纖維終止於又稱為「孤束核」的區域，有髓鞘迷走神經運動路徑主要起自疑核，無髓鞘迷走神經運動路徑則主要起自背側迷走神經核。

若要將這些路徑連上臨床特徵，可思考一下病患的健康與行為問題，他們可能有腸胃問題——這可能是無髓鞘迷走神經被用來做為非主動防禦系統的產物。膈下問題在人體長期運用主動的戰鬥／逃跑防禦系統時也可能出現，出現這類問題時，活化的交感神經系統會減損無髓鞘迷走神經支持吸收等恆定功能的能力。

布：

多重迷走神經論認為人對事件或信號的反應有層級之分，從這點來看，創傷影響著不同的激發區域，這樣說正確嗎？

波吉斯博士：

這個理論功能上是要陳述，如果你面對著威脅或障礙，演化上最晚近的神經系統會試著運用臉部與發聲來協調你的安全。如果那不管用，社會參與系統就會退縮，迷走神經對心臟的抑制功能（迷走煞車）會降低，如此一來就會增加心率，促進主動性，以隨時做出戰鬥／逃跑的防禦行為。如果那也不管用，你就會提升交感神經系統來戰鬥／逃跑了。如果你無法逃走或戰鬥，那就會反射性地關閉。這是許多創傷經驗的特徵，在小孩子和塊頭遠小於施暴者的人身上，或是面對手持武器施暴者的倖存者身上，尤其會顯露這類特徵。

基本上，不同的神經回路可能會將風險的信號轉譯成不同的生理狀態與行為。這些對相同信號或事件的反應差異，造成了創傷治療最大的問題之一，**創傷治療與診斷向來都偏向聚焦於事件，但理解個人對事件的反應才是真正的關鍵點。**

感覺安全了，才能去愛、去信任——創傷與社會參與的關聯

關鍵點在於，如果人在恐懼中進入非主動狀態，他們運用的是非常古老的神經回路。人類的神經系統已經在演化中經過調整，而這些調整似乎會牽制我們的能力，使我們無法輕易從恐懼的非主動狀態回到以自動社會參與行為為特徵的安全狀態。

陷入難以促進社交互動與安全感的狀態時，個人會發展出複雜的敘事來解釋他們為何不想從事社交互動、為何不信任他人。這類敘事提供了對其體內生理感受的詮釋。他們的神經系統在沒有真正的風險存在時偵測到風險，而他們的敘事提供了自己不去愛、不去信任、不去自願參與的理由。

發生這種情況時，你要如何讓他脫離那種防禦與合理化的迴圈？你要如何運用社會參與系統，抑制交感神經的主動戰鬥／逃跑狀態，同時讓那個人跳出危險的非主動關閉狀態？要回答這個問題，就要讓多重迷走神經論的洞見進入臨床界。

從多重迷走神經論的觀點來看，首先，病患在任何環境下都要進行協調與操控，以體驗到安全的生理狀態，而這往往與治療師的靠近有關。

在某個意義上，有創傷史的病患可能會將治療師視為一種危險，臨床醫師必須賦予患者力量，讓他們相信自己可以操控並協調局面——不論是在生理層面或心理層面，直到他感覺安全為止。一旦病患感覺安全了，他的生理狀態就會隨之改變；發生這種情形時，自願參與的行為就會跟著出現，並且伴隨著聲音與臉部表情的變化。

我有兩個建議要給臨床醫師。一是要給病患力量去協調安全；二是要了解神經覺的原則，以理解神經系統在安全環境中對某些特徵的反應，與它在危險情境下的反應會截然不同。

既然含低頻聲的嘈雜環境對神經系統而言代表著獵食動物的靠近，那麼將低頻聲與背景噪音去除，便能大大提升臨床空間的治療潛能。臨床空間要相對安靜，這點很重要。許多有創傷史的病患在公共空間中會感覺極不自在，他們往往不想去餐廳或電影院。當他們走進購物中心時，各種聲音、振動、人群的摩肩接踵，都會讓他們備感威脅、身心俱疲；電梯的低頻聲與振動也令他們困擾。如果知道這點，那為何不創造讓他們感覺較安全的環境呢？

一旦病患感覺安全，治療策略就能很有效率地進行。但要如何觸發病患的社會參與系統，以確保他感覺安全？神經系統有某些既定的選項，聆聽聲樂等富於抑揚頓挫的聲音就是一例，即使沒有他人在場，也可能令人感覺安全。

音樂如何為迷走神經調節提供信號——聽音計畫療程

聆聽聲樂是我開發的介入手法之一。聽音計畫療程（見第一章）一開始是用在自閉症患者身上，這種介入手法會透過誇大聲音的抑揚頓挫來操練中耳肌的神經調節，它會產生回饋，對神經系統回傳身處於安全之地的信號，從而改變迷走神經對心臟的調節。

布：

那個音樂計畫是如何進行的？

波吉斯博士：

我以電腦處理聲樂。聲樂的聲調是沒有低頻率的，女聲的聲樂尤其如此。我以電腦處理的聲樂強調並加強那類低頻率效果的功能，這就相當於誇大了抑揚頓挫，進而有效觸發神經回路對其進行偵測與反應。

這種介入手法理論上是設計來觸發神經回路去偵測抑揚頓挫的，它會觸發神經路徑，增加給中耳肌的神經張力，進而降低背景聲，改善理解人聲的能力。由於調節中耳肌的腦幹區也與臉部表達、聲音的抑揚頓挫、迷走神經對心臟的影響等的調節有關，因此這種聽覺介入手法的用意，便是要刺激整合社會參與系統。

過去十五年來，我有個得自多重迷走神經論、看似合理的假設，它將中耳結構的神經調節連上聽覺過敏與聽覺處理。我特別假設，中耳肌的神經調節變化會決定性地轉變中耳結構的傳遞函數，其提出的機制合理地說明了為何聽覺超敏與處理人類語音的困難共變。

然而，雖然聽音計畫療程減少了聽覺超敏反應，也改善了聽覺處理過程，但過去沒有儀器或試驗能測量中耳的傳遞函數，以試驗這個假設是否成立，而我的前研究所學生葛雷格・路易斯解決了這個問題。二〇一一年，路易斯在我的實驗室完成了他的博士研究，他發展出一種能測量中耳結構傳遞函數的儀器，那是語音與聽覺科學所失落的概念，我們將那個儀器稱為中耳聲音吸收系統，簡稱MESAS（見第一章，89頁）。

現在我們能客觀評估進入腦部或被耳膜擋掉的是哪些聲音了。MESAS記錄人們是透過耳膜吸收了人聲，亦或是其神經系統吸收了它詮釋為獵食動物聲音的低頻聲，而遮蔽了人聲。我們可以將耳膜想像成定音鼓，當定音鼓上的鼓皮拉緊，音頻就會變高，代表它會選擇性地吸收較高的頻率，但不會過濾較低頻率的聲音。

MESAS提供了客觀測量聽覺超敏反應的方法，我們已經在幾個診斷出自閉症的兒童身上試驗過MESAS，也在有創傷史、時常主訴有聽覺超敏現象的人身上試驗過這種儀器。我們在初步研究中記錄到，他們吸收的人聲頻帶縮小了，尤其是人聲第二、三共振峰的頻帶（共振峰是指語音氣流經過發音腔時產生的共振，頻帶由低到高分為第一、第二、第三及第四共振峰）。**聽覺超敏的人會吸收較多低頻率，而讓我們能區分各種人聲的高階共振峰則被扭曲。處理這些高階共振峰的能力使我們能區分不同子音並處理字尾。**

我們在進行聽音計畫療程時前後測試過幾位參與者，在某個小組中，中耳傳遞函數恢復正常了，這意味著我們能在某些參與者身上重建中耳肌的神經調節功能；MESAS記錄了聲音吸收曲線的變化，意味著有較多人類言語的相關頻率被吸收。在這些觀察出現前，臨床醫師認為聽覺過敏與聽覺處理的困難是由位於皮質的神經回路所決定，他們不了解中耳結構的角色類似於濾網，也不了解它在社會參與系統中扮演的角色，而能將聽覺處理與聽覺過敏連上行為狀態調節困難，以及社會參與系統的其他特徵。

在聽音計畫療程研究中，有聽覺超敏現象的參與者約有一半在接受這種介入手法後，便不再有聽覺過敏現象；這個小組參與者的社會參與行為也大多改善了。

在另一個研究中，我們記錄到社會參與行為的改善與迷走神經對自律神經狀態的調節增加是並行的，這支持著我們的合理假設，也就是以介入手法改變自律神經狀態，能在功能上改變社會參與行為的神經框架，減少防禦行為。

布：

音樂療法如何？有任何療效嗎？

波吉斯博士：

有的。音樂療法分成兩部分，對許多人都助益良多。音樂療法的問題是，我們並不了解它是透過哪些機制運作——雖然得到的回報是正面的。然而，由於多重迷走神經論研究中耳肌，也研究唱歌會使用的咽喉肌，我們可以用它來解釋這個機制如何運作、為何能帶來益處。

> 唱歌或吹管樂器能帶來較平靜的生理狀態，提供更多接觸社會參與系統的機會。

人們唱歌時會控制呼吸，過程中需拉長呼氣時間。在呼吸的呼氣階段，有髓鞘迷走神經傳出路徑對心臟的效應會增加，說明了唱歌或吹管樂器能帶來較平靜的生理狀態，提供更多接觸社會參與系統的機會。

唱歌不僅是呼氣。你唱歌時除了呼氣還會做什麼？你會聆聽，而這會增加你中耳肌的神經張力。你還會做什麼？你會運用咽喉肌的神經調節功能。還有呢？你會透過顏面神經與三叉神經來運用嘴與臉部的肌肉。

如果你是跟著團體唱歌，那就是在進行社會參照——你是在與他人互動。因此唱歌，尤其是合唱，是一種社會參與系統的絕佳神經練習。吹管樂器也非常類似合唱，它需要聆聽、呼氣，並與帶領或指揮音樂的人互動。

調息瑜伽是另一種運用相同過程的策略，它在功能上是一種社會參與系統的瑜伽——操練呼吸、操練頭臉部肌肉的瑜伽。

自我調節vs.毫無頭緒——社會參與信號

布：

稍早我們談過為何有些人需要那些社會參與系統信號，其他人卻對此毫無頭緒——彷彿那是外國語，而他們才剛搬到國外。

波吉斯博士：

我們先暫且忘記所有複雜的診斷範疇吧！如果我們運用那類診斷範疇，最後會落得是在描述共病症（comorbidities，體內同時存在一種以上的疾病或症狀），我們使用的詞彙無助於理解底下的功能或過程。

我們來為人類行為建立一個非常簡單的模型吧，根據人與人在相互關係中共同調節的能力來分等級。其實這就是剛才你所說的：有些人對其他人的社會參與特徵毫無頭緒，而那告訴了你，他們以他人共同調節其生理狀態的能力並不是很好。

好，接著我們來創造另一個面向。我們來觀察能以物品自我調節的人。要記得，在當代社會中，社交溝通的科技其實是那些社交技巧有限、與他人共同調節的能力出現障礙的人推給我們的，我們將這種新科技名為社交網絡技術。我們使用電腦或以手機傳文字訊息，在某種意義上，我們便是從人類互動中剝奪了人類互動的本質、直接面對面的經驗，我們正從同步互動策略移到非同步互動策略，我們留下訊息，然後稍晚才去看有無回應。我們讓世界的組織原則，交由他人在場時有調節生物行為狀態的困難、但或許能以物品調節良好的人來建構。

從非常全球性的臨床觀點來看，積極尋求治療師治療的障礙，多半是關於以他人來調節狀態的困難。而**當一個人有以他人調節或共同調節狀態的困難時，會適應性地傾向以物品來調節狀態。**

有時這類傾向會導致臨床標籤，無論這標籤是自閉症或社交焦慮，都無關緊要。我們所知道的是，這些人的神經系統未能使他們進行你來我往的社會互動。有人在身邊時，他們絕少感覺安全，也進入不了使其社交行為支持健康、成長、復原的有益生理狀態；對他們來說，社交行為帶來的是傷害而非支持。個人可以自行選擇歸入兩個不同的團體：透過社交互動調節的人，以及使用物品來調節的人。

一個次要的問題是，這兩種策略對兒童的教育與社會化有何影響？我們的教育正逐漸遠離面對面的互動。現在學校會把 iPad 放進學齡前兒童與小學生的手裡。我最近讀到一間學校的新聞，它在小學課堂裡使用 iPad，學校高層對擁抱這種技術的決策驕傲不已。當鏡頭掃過教室，我們看見兒童們盯著 iPad 瞧，而非看著彼此或老師。

這真正的意義為何？這代表神經系統沒有機會操練和社會參與行為有關的神經調節回路。沒有機會操練這些神經回路，兒童就發展不出面臨挑戰時自我調節並以他人調節的天生能力。

這裡的另一個重點關乎學校體系。在以認知為中心、以皮質為中心的世界施加的壓力下，我們受到日益繁多的資訊量轟炸，卻不了解我們的神經系統必須處在由有髓鞘迷走神經調節的生理狀態下，才能充分處理那些資訊，進而產生嶄新大膽的點子，變得有創意，並體驗到正面的社交行為。

我們不以團體行為來增進神經系統的開放、正面特質，進行共同調節，例如參加合唱班、在樂團中玩樂器，或在休息期間與別人玩耍——上述活動均有助於操練社會參與系統與有髓鞘迷走神經路徑，反而將這些神經練習的機會誤解成讓你無法在課堂久坐的外物。學生確實取得了更多資訊，但未能有效處理那些資訊，對立行為卻反而增加了。那是一種對教育過程與人類發展的天真看法。

我想這一路的探尋應該會導向關於早年經驗、早年經驗的後果、早年經驗如何導致其他風險因子等問題。

神經系統必須處在由有髓鞘迷走神經調節的生理狀態下，才能產生嶄新大膽的點子，並體驗到正面的社交行為。

我們應該從神經、發育、甚至練習模型的角度來探索這類問題，舉例來說，如果我們不使用特定的神經回路來調節行為與生理，那些回路就不能發育良好。那並不是說我們要悲觀的認為，日後再也無法使用那些回路，而是說因為我們沒有及早運用，所以會帶來某些後果。

以理解取代批評——神經調節的運用

布：

我們要如何協助沒有使用過那些回路的人來學習運用？

波吉斯博士：

首先當然是要提供一個安全的情境。我差點要說要看病患是什麼年紀，但事實上，無論年齡大小，首先都要讓患者知道，他們沒有做錯任何事。我們一要患者改變，患者往往就會將這點解釋成自己做錯了事，一旦經由神經系統處理這種「批評」的回饋，它就可能會轉化為防禦狀態，使患者更難理解並維持平靜狀態。因此，神經系統如何運作，和我們向來養育孩子、教導學生、治療病患的方式，完全是衝突的。

如果我們希望人們感覺安全，就不能指控他們做錯或做壞了事，而應說明他們的身體是如何做出反應、這些反應何以是一種適應反應、我們如何必須感激這種適應特質，並讓患者理解這種適應特質是有彈性、可以依不同情境而改變的。接著我們就可以用自己創意與整合力一流的腦部來發展敘事，不將非典型行為看成是壞事，從適應功能的角度來看，它其實是可理解的反應，且往往是英勇的。

依附的前提──依附理論如何連上適應功能

布：

依附理論是如何連上多重迷走神經論的？

波吉斯博士：

這個問題的答案有一部分與蘇．卡特（Sue Carter）的研究有關；蘇是我的同事與妻子，她發現了催產素與社會連結之間的關聯。有幾年的時間，社會行為的研究（包括社會連結與依附的研究）是她的研究領域，而非我的研究範圍。她觀察並研究草原鼠的行為來發展其社會連結概念，草原鼠是小型齧齒目動物，有十分有趣的社會行為，包括終身配偶制、父母共同照顧後代的育兒作風等，是一種很奇妙的動物。草原鼠體內有很高含量的催產素，過去幾年來我們並肩研究，測量草原鼠的迷走神經如何調節心臟。這種小型哺乳動物不過五十克重，但其迷走神經調節心臟的程度和人類不相上下，這在齧齒目動物與哺乳動物中非常特殊。

自從與蘇合作以後，我開始能更自在地討論社會行為，包括依附的領域。但我們開始合作後，我理解到在談論依附的文獻中，有一個造成依附的重要環境條件被忽略了，我將這失落的一環稱為「依附的前提」，而這個前提取決於**安全的信號**。我覺得要談依附的議題，就不能不討論安全與社會參與特徵。從我的觀點來看，在有髓鞘迷走神經路徑調節下的社會參與系統，能提供神經框架讓依附過程發生。這是有層級的，先有安全，然後健康的依附就會自然而然出現。

蘇與我合力發展出我們所謂的神經愛碼（neural love code）的概念。它分成兩部分：第一階段是社會參與，透過參與行為來運用安全信號，以協調親疏；第二階段處理的是生理接觸與親密度。把這稱為一種密碼，意味著如果兩段過程沒有正確地依序發生，就會出現與依附及連結有關的問題。

從臨床的觀點來看，我想人們彼此連結但並不感覺安全，是伴侶們尋求治療的驅動力之一。我想強調的重點是，無論是理論還是實踐，要討論任何層次的依附，就不能不徹底了解環境——安全與社會參與的條件。

幫助身體配合療癒——讓醫院成為患者心理上感覺安全的地方

布：

我想問你關於醫院的事，了解如何讓醫院成為人們心理上感覺安全的地方。病患住院時，我們希望醫院的設備與我們安排設備的方式有助於促進治療過程與免疫系統的運作，但我不確定自己的醫院在這方面是否達到了盡善盡美，因為很多時候我們關注的是其他方面。

波吉斯博士：

我想這個問題很重要，當然答案是我們很少投注這方面的心力。任何住過院的人都可以告訴你，每小時被叫醒一次、病袍下空無一物是什麼感覺，長期的噪音向身體持續發出「逃出醫院」的信號，因為感覺到醫院並不安全。這裡的問題與組織醫院、設下章程的人息息相關。醫院及其職員的目標是什麼？他們在那裡是為了替病患提供健康服務，並保護職員不被指控為治療不當；在這種章程下，健康監督與清白重於一切，社會支持等其他事項通常不具重要性，這實在是個悲劇。

我們入院時，神經系統會傳遞信號，觸發我們產生與眼前敘事一致的思路：「我要進入無法保護自己的物理情境了。我想確保自己處於安全、有愛心的人手中。」不幸的是，病患在醫院大多感覺不安全。

我想這確實是一種悲劇，因為其實醫療與聯合保健領域有很多訓練有素又有愛心的臨床醫師，能為住院病患創造不同類型的臨床環境。

與其因為必須簽下文件使醫院擺脫法律責任而心力交瘁——除非你簽下文件，不然得不到服務，何不請人來擔任你身體的看守者，協助你在醫院中來去？這個人可以帶你到醫院，卸下你過度警覺的重擔，去除這些重擔與提心吊膽後，你的身體就能成為醫療的自願合作者，而不因驚恐而陷入防禦狀態。

> 如果你很驚恐、害怕，就無法有效率地療癒自己。

我們在訪談之初就討論過，問題在於如果你很驚恐、害怕，就無法有效率地療癒自己。如果醫院知道這點，那何不盡己所能地讓人們感覺安全？

我們必須了解，身為人類，我們需要這種你來我往的互動與安全感。

布：

在我們結束訪談以前，我只想問你，史蒂芬，你的下一步要做什麼？

波吉斯博士：

我把自己想成是一個做了有趣研究的成熟科學家，而我想做更多新奇有趣的事。我想繼續盡力將我的基本研究轉譯為臨床實踐，舉例來說，與其將醫療僅想成是手術或用藥，不如來開發各種以神經回路促進健康、成長、復原的介入手法。

第三章
創傷對腦部、身體、行為造成的後果

史蒂芬．W．波哲斯&露絲．布辛斯基

一旦無髓鞘迷走神經被用來進行防禦，那個人的神經調節就會變得不同，會重組為一種抗拒修正、抗拒回歸恆定狀態的模式。

加油者與指揮者——多重迷走神經論的起源

布：
今天我們可能會談論如何將多重迷走神經論連上自閉症、邊緣型人格障礙及許多其他行為與疾病診斷，但一切都要從了解迷走神經開始。

波吉斯博士：
我們先來勾勒多重迷走神經論的主要特點吧。

多重迷走神經論根據的是自律神經系統的演化。由於演化，我們的爬蟲類先祖與哺乳動物近親的行為差異甚巨，哺乳動物必須尋求社會關係，必須接受養育與保護，也必須保護彼此，爬蟲類則傾向獨來獨往——因此社會行為的概念，是根據爬蟲類與哺乳動物不同的行為適應方式而建立。透過演化而轉變後，自律神經系統的結構與功能也改變了。

我們的自律神經系統是從使脊椎動物先祖能採取主動行為與關閉的系統演變而來，支持著兩種防禦策略：一種是戰鬥／逃跑，另一種是像許多爬蟲類般採取非主動行為。但隨著哺乳動物的演化，自律神經系統出現了一種新組成或新分支，基本上是**做為活化回路的「加油者」，以及協調兩個較原始部分之功能的「指揮者」**。

這種新組成促使交感神經戰鬥／逃跑的原始反應系統與迷走神經的關閉反應系統相輔相成，支持健康、成長、復原。然而，**這僅能在安全的情境下發生。**

布：

再多告訴我一點你所謂加油者與指揮者的事。

波吉斯博士：

從指揮者談起比較簡單，因為自律神經系統的新組成部分與創造社會情境的神經結構有關，涉及活用腦幹的高層腦部結構，它調節自律神經系統較古老的部分，使其不採取防禦反應，並支持健康、成長與復原。那就像使用我們較高的腦部結構來偵測危險——如果沒有危險，那我們在功能上就會抑制古老的防禦系統。指揮者基本上採用的是演化決定的層級，**由新回路調節並掌控著舊回路**。腦部在系統發展上便是如此組成的。

自律神經系統包含著內臟以外的結構，認識這點代表我們承認調節著自律神經系統的神經所源起的腦幹區很重要，影響著這些腦幹區的高層腦部結構——包括皮質，也很重要。我們這個指揮者會說：「沒關係，不需要動用那些系統來進行防禦——它們可以相輔相成地支持健康、成長，甚至快感。」

現在來談「加油者」，這個概念類似足球隊比賽中的啦啦隊隊長。加油者會主動出現，但它會運用臉部表情與抑揚頓挫的聲音等社會參與系統的特徵，使主動行為不化為防禦反應。加油者的角色在功能上會使用主動行為，但卻不是為了防禦；藉由將主動反應與社會參與系統整合，涉及戰鬥／逃跑行為的那個系統，如今會用來進行利社會行為，我們稱之為「玩耍」。

戰鬥／逃跑與玩耍之間的差異在於，雖然都是主動行為，但玩耍時我們會有眼神接觸並彼此互動。我們會以社交信號來分散威脅信號，因此可以運用交感神經系統來支持行動，而又不採取防禦性的戰鬥／逃跑行為。我們啟用社會參與系統時，甚至能同時使用最古老的系統──亦即非主動反應，躺在我們感覺安全的某人懷裡。

那就是多重迷走神經論。我來為各位說明一下名稱，這個理論在名稱中使用了「迷走」一詞，「多重迷走」意指「有很多迷走神經」，或說得精確一點，「有很多迷走神經路徑」；我創造出這個名稱，是為了提醒大家這當中有系統發展上的變化，即自律神經系統的神經調節中出現了演化上的變化。

無作為迷走神經與智慧迷走神經──迷走矛盾的新解

布：

在你的著作中，你談到兩種迷走神經運動系統──「無作為迷走神經」與較被動的內臟功能調節有關，此外便是「智慧迷走神經」（smart vagus）。

波吉斯博士：

在副交感神經系統的研究中存在著一個矛盾。迷走神經是副交感神經系統的主要神經路徑。我們在大部分的討論中，會交替使用迷走神經與副交感神經系統二詞，然而，精確來說，迷走神經路徑只是副交感神經系統的子集路徑。你讀文獻時，會發現副交感神經系統永遠與健康、成長、復原有關——它是「好人」。交感神經則永遠被呈現得像是必須掌控的「大敵」，雖然這有一部分是對的，但這種區分其實無助於我們理解臨床狀況。

是好人還是壞人？

如果你因為恐懼而採取非主動反應，透過迷走神經路徑而使心臟停下了，或排糞了，或支氣管因此收縮了，那要怎麼辦？我們無法把上述情況解釋成是「好」事。

因此，我們對副交感神經系統的運作，有一個矛盾的理解，矛盾之處在於，所有談到迷走路徑成為防禦系統的相關資訊，幾乎都被選擇性地排除在自律神經系統的普遍模型之外。再次申明，如果我們細看爬蟲類的原始防禦系統：非主動、呼吸的抑制、心率變慢——即「裝死」——會發現基本上就是昏厥和看似死亡。

事實上，我們細看貓口中的老鼠時，會發現老鼠有何特徵？老鼠的特徵是，牠顯然中止了呼吸，心率變得奇慢無比，看起來像是死了或奄奄一息。這些反應都是不由自主的，所以如果我們以為副交感神經系統透過迷走神經路徑施加的影響都是正面的，那就錯了！

這種矛盾引發了我的興趣。

過去二十多年來，我一直想解開這個問題。理解到自律神經系統的神經調節經由演化而出現變化後，我獲得了答案。勾勒自律神經系統的神經調節在系統發展上的變化，能使我們看出在哺乳動物演化的過程中，出現了第二種迷走神經路徑；如果去研究哺乳動物的胎兒發育，也會看出同樣的發展變化。

早產兒出生時，不會天生就有這種新的、智慧的、哺乳動物特有的迷走神經，他們的迷走神經反應可能會致命——在新生兒加護病房中，這類迷走神經反應會造成呼吸中止與心跳過緩。

就多數人的理解，迷走神經的反應是「好」的、支持著健康的，然而，對早產兒卻非如此，他接觸不到較新的有髓鞘迷走神經，因為它要到懷孕後期才會發揮功能。功能上來說，懷孕三十二週以前出生的早產兒，其自律神經系統有爬蟲類的特徵，容易呼吸中止與心跳過緩，就是爬蟲類防禦反應的表現；只有足月出生的新生兒，才能以新的有髓鞘迷走神經來協調另一種迷走神經回路和交感神經系統，進而支持恆定狀態與健康。

布：

也就是智慧迷走神經。

波吉斯博士：

是的，我們可以交替使用「哺乳類的」、「智慧的」、「有髓鞘的」等字眼，來描述哺乳類動物的這種膈上迷走神經以有髓鞘的迷走神經居多，膈下迷走神經以無髓鞘神經居多。

獨一無二的迷走神經路徑。這種新迷走神經路徑可以拿來對照活動力偏弱、無髓鞘的迷走神經路徑。我們還可以另外區分出這兩種迷走神經路徑：主要通往膈下的迷走神經，以及主要通往膈上的迷走神經。

膈上迷走神經以有髓鞘的迷走神經居多，通往橫膈膜上方的器官，例如心臟和支氣管；膈下迷走神經以無髓鞘神經居多，通往橫膈膜下方的器官，例如腸道。

爬蟲類、魚類、兩棲類也有膈下迷走神經——它會通往膈下器官，主要調節著腸道，我們談到臨床障礙時，正是在談「來到腸道」的問題。

描述通往膈上器官的迷走神經路徑時，我們其實是在談對心臟與支氣管的神經調節。迷走神經對膈上器官的調節主要是透過有髓鞘迷走神經來進行，有髓鞘迷走神經路徑失去對心臟的掌控時，我們可能會感覺到心臟在交感神經系統的影響下怦怦跳，或心率在無髓鞘迷走神經的影響下大幅減緩。

此外，要注意的是，雖然無髓鞘迷走神經「主要」調節著膈下器官，但也有無髓鞘纖維通往心臟，能導致心跳過緩。

不同腦幹區的功能

身體發出的信號，告訴了我們許多關於這個系統的事。但我們來一併討論腦部吧，因為每種迷走神經路徑其實都來自腦幹的不同區域——這就是為什麼納入腦部結構與功能的多重迷走神經論，不僅是一種末梢神經的理論。

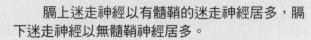

雖然迷走神經是一種末梢神經，但它起自腦部，終於末梢器官。然而，兩種迷走神經路徑是起自腦幹的不同核（疑核與背側迷走神經核）。迷走神經的感覺路徑則終止於腦幹的第三個核（孤束核）。

有趣而重要的一點是，智慧、有髓鞘、哺乳動物特有的迷走神經，是來自掌控頭臉部肌肉的腦幹區。社會化程度高的人、觀察力強的臨床醫師與教育家，都會時時細看與他們互動的人，他們看著對方時，往往能辨認出對方的感受。

這種感覺到對方感受的能力，是有神經生理學的根據的。我們能偵測並詮釋別人的感受，是因為**掌控頭臉部橫紋肌的神經連接著腦幹中的有髓鞘智慧迷走神經，在功能上，我們心臟的狀況都顯現在臉上了**。我們的腦會自動詮釋這類資訊，身體也隨之反應；雖然眼力好的臨床醫師能直覺地知道這點，但多重迷走神經論說明了這段過程。

隨著這些過程的演化，它使得同種動物得以偵測到能否安全地靠近另一方。安全與威脅的信號不僅會透過臉部肌肉傳達，也透過掌控發聲的肌肉傳達；如果上前來的哺乳動物在生理上是主動、準備採取攻擊行為的，這些生理狀態特徵就會反映在臉部與聲音中。

我們以電話和別人交談時，可能會根據聽見的聲音特性，詢問對方是否有什麼不對，如果對方的聲音缺乏抑揚頓挫，聲調沒有經過調整，顯得平板，我們可能會擔心是否有什麼不對勁。抑揚頓挫是取決於咽喉肌的神經調節，那種調節是發生在調節著有髓鞘迷走神經的腦幹區，事實上，有髓鞘迷走神經路徑與抑揚頓挫的產生有關，而這些路徑也與迷走神經對心臟的調節路徑一致。

一個神經路徑家族

布：

繼續討論之前，我們先談幾個更根本的問題。生物學上，我知道迷走神經不僅是一條神經，而是一個神經路徑家族，起自腦幹的幾個區域，發展為迷走神經的幾個分支。

腦幹是生理狀態的調節器

波吉斯博士：

迷走神經是起自腦幹的腦神經。我們有十二對腦神經，其中有一部分掌控著臉部橫紋肌。一般來說，討論肌肉的神經控制時，通常會聚焦於與活動四肢有關的骨骼肌，而骨骼肌是由起自脊髓的神經掌控的，然而，**調節頭臉部橫紋肌的腦神經並不等同於脊髓神經，臉部表情是由來自腦部的腦神經調節，有別於調節軀幹及四肢的脊髓神經**；此外，迷走神經與調節頭臉部的橫紋肌有關，它也調節著平滑肌與心肌。

多重迷走神經論聚焦於五對起自腦幹的腦神經。我們可以將腦部描述為一個倒三角形，偌大的皮質在頂端，底部是狹窄的腦幹。

現今的腦部研究——尤其是談腦部造影術的研究，大多聚焦於皮質，有忽視或盡量不提腦幹的傾向。然而，只以這點來談好了，腦幹是大多數資訊進出腦部的最終共同路徑，把腦幹想成其他過程賴以建構的建材很有幫助；如果我們無法調節自己的生理狀態（而這是腦幹的責任），那我們就難以運用並處理更高的認知功能。

腦幹的解剖結構能提供我們比較不同脊椎動物的機會，並從中推論演化中發生的適應性調整。從功能來看，腦幹是生理狀態的主要調節器，由於生理狀態的調節讓我們能準備好進行各種行為，因此腦幹對行為各方面來說都至關緊要，也維持著使我們健康活著的恆定過程。

行為狀態調節的困難，是幾個不同診斷範疇共同顯現的一大臨床問題。**多重迷走神經論認為，行為狀態調節的困難顯示著自律神經調節的困難**，在討論到邊緣型人格、思覺失調、憂鬱、焦慮、自閉症與其他臨床障礙時，這種調節行為狀態的能力深具臨床相關性。在恢復行為狀態彈性的治療中，經常運用這種隨著情境與需求而動態改變的狀態調節能力。

要了解多重迷走神經論對各臨床狀況的重要性，就要將迷走神經想成是連接腦身的雙向回路，迷走神經回路有腦部通往器官的運動路徑，以及器官通往腦部的感覺路徑。多重迷走神經論是關於運用迷走神經的腦—身溝通，它使我們不得不去細看末梢器官影響腦部過程的功能，以及影響內臟器官的腦部過程；它使我們能重新建構內臟器官的調節概念，逼迫我們停止將器官想成飄浮在一片內臟海洋中的獨立結構，彷彿無關腦部過程也不受其影響。

迷走神經纖維起自並終止於數個不同的腦幹區，各司其職，有些纖維來自腦部，通往特定內臟，但也有許多纖維是來自內臟再通往腦部，這種感覺系統發揮著監督功能，協助維持內臟器官的最佳調節狀態。迷走神經纖維約有八成是感覺纖維，它們對某些腦部結構的輸送有莫大的影響。多重迷走神經論強調，迷走神經已隨著演化而改變。其中一種調整發生在哺乳類出現之時，在哺乳類身上，腦幹對某些迷走神經路徑的調節與臉部調節結合在一起，這使得生理狀態的特徵會顯現在臉上與聲音中。這種變化顯然是適應下發展出來的功能；身為哺乳類，如果另一個哺乳類處於憤怒的生理狀態，那我們就不會想與他有什麼牽扯。

如果我們接近生理狀態支持憤怒的另一個同種動物、闖入他的個人空間，他就會提升防禦；在哺乳動物身上，這種行為策略表現為低吼、嘶叫、抓咬等，以擊退闖入者。我們不想受傷，我們想收到允許靠近的信號。哺乳動物透過臉部表情與聲音的抑揚頓挫來傳達這類訊息，而調節這些功能的肌肉與調節心臟的有髓鞘迷走神經有關。我們的神經系統深知這類安全信號。

迷走神經的心臟調節與頭臉部橫紋肌的調節之間的關聯，使我們能從人的臉與聲音看出、聽出他的生理狀態。此外，**頭臉部的肌肉張力調降時，中耳肌也會失去神經張力，對與獵食動物相關的低頻率聲音也會變得超級敏感**。中耳功能出現這類轉變後，就變得很難辨別出人聲的意義，因為我們需要相對輕柔、高頻率的泛音來理解言語。根據研究記錄，有幾種臨床障礙與迷走神經對心臟的調節、頭臉部肌肉的神經調節衰弱有關。**頭臉部肌肉的神經調節衰弱，會顯現在情緒表達平板、聲音缺乏抑揚頓挫、聽覺過敏、難以理解口頭指示上**。綜合來看，我們前面也提過，臉—心系統形成了整合社會參與系統，當它在幾種障礙中功能有損，就會投射出「情緒表達平板」的特徵，底下則是迷走神經調節功能的衰弱，觸發戰鬥／逃跑行為所須的交感神經活性閾值也因而降低；這種系統的衰弱若是發生在人生的早期階段，便會造成語言發育的困難。

中耳肌無法妥善收縮時，就會受背景音中的低頻聲轟炸，從而減損理解人聲的能力，而這就造成了聽覺超敏的人從社交環境中退縮的情形。

生理調節障礙的臨床特徵

我們來將這些過程連上非典型的迷走神經功能與臨床障礙中的狀態調節吧。與其運用精神醫學標準化的特定障礙診斷體系，我們不如去問某些臨床障礙共有的特徵是哪些。

如果我們採用這種方法，會發現狀態調節（調節行為狀態的能力）是幾種診斷範疇的基本問題，我們也會發現，除了可觀察到的行為狀態調節問題，還出現了其他與臉部的神經肌肉掌控有關的特徵，臉的上半部會顯得毫無反應，有如打了肉毒桿菌。眼睛四周的眼眶肌肉又稱眼輪匝肌，是由顏面神經的一條分支掌控，這種顏面神經也是一種腦神經；這條顏面神經的分支也與調節鐙骨肌的肌肉張力有關，鐙骨肌是中耳的一條小肌肉，這種肌肉失去張力時，就會產生聽覺超敏反應，使人難以從背景音中抽取出人聲來。

中耳肌掌控著人體內最小的骨頭，影響著聲音的能量撞擊耳膜、傳入內耳再進入腦部這段過程中發生的一切。中耳肌無法妥善收縮時，我們就會受背景音中的低頻聲轟炸，從而減損我們理解人聲的能力；發生這種情形時，我們的適應行為會令我們遠離聲音來源，而這就造成了聽覺超敏的人從社交環境中退縮的情形。

我想強調的是，聲音與面部傳達的信號其實是生理的顯現，表現出身體發生的事，這些信號向另一個人傳達出是否可安全接近我們。這種發出信號、偵測信號的能力，是深嵌在我們的生理中，是哺乳動物演化史的一部分。

在我的實驗室裡，我們觀察嬰兒哭泣的聲音特徵及心率，並發現兩者有重大的相互關聯；高聲哭泣與較快的心率有關。我們也在我妻子的實驗室以草原鼠這種小型囓齒目動物進行研究，我妻子是蘇・卡特，她是發現催產素在社會連結中扮演重要角色的科學家，我們在草原鼠發聲時測量牠們的心率，發現牠們的心率與發聲的聲音特徵也有類似的相互關聯。

在這兩個研究中，發聲反映出迷走神經對心臟的調節——嬰兒與草原鼠都會向同種動物傳達其「感受」如何，這是我們在互動中會做的事，我們運用聲音中的抑揚頓挫，向另一個人的生物組織——而非認知——傳達我們是痛苦而敏感，還是平靜而可安全靠近。

我們也可以從社交關係或人與人相遇的情況來觀察。我們可能會說：「他的文憑很漂亮，看起來很聰明，我也同意他的觀點，但不知怎麼的，我就是不太信任他。」這種謹慎接納對方的態度，是根據我們的神經系統發出的信號，這信號告訴我們，那個人生理上不是可以安全靠近的人。

深嵌在神經系統中的一個重要的演化產物是，神經系統隨時準備聽取富於抑揚頓挫的聲音，以做為調降防禦性的信號；這種調降防禦的過程，是透過新的有髓鞘迷走神經進行。

氧氣的重要性——迷走神經與心肺功能的關聯

布：

好，你對心肺功能與迷走神經有很多想法，我們能將上述一切綜合起來談嗎？

波吉斯博士：

最簡單也最重要的一點是，心肺系統的職責是為血液供氧，氧氣對包括人類在內的所有哺乳動物而言都是生存要件，沒有足夠的氧氣，我們會死。迷走神經在傳送氧氣到血液的過程中扮演著重要角色，它會透過節奏性地調節血流與支氣管的阻力，促使氧氣散布到血液中。

我們開始在一個人身上看見許多障礙出現時——例如高血壓、睡眠呼吸中止症、糖尿病等，這通常反映出有髓鞘迷走神經的功能失調。

許多上述障礙都有精神或心理上的關聯，因為**以有髓鞘迷走神經調節生理狀態的系統，也深受環境的社會信號影響**。這裡的關鍵點是，**調節社交互動與社會參與行為的神經回路，和支持健康、成長、復原的神經回路是一樣的**。這並不是兩種障礙、兩種疾病，或兩種學門；不是一方面是內科學，另一方面是心理學與精神醫學——而是一種整合的生理狀態，不僅調節著健康、成長、復原，也促進並支持著社交互動，以創造出給人的安全感。

我們尚未在這場訪談中使用安全這個詞，但安全是這裡的關鍵特點，如果神經系統偵測到安全，就不會再採取防禦動作，當它不再處處防禦，自律神經系統回路就會去支持健康、成長與復原。它是依層級行事的，對我們的神經系統來說，最重要的就是我們的安全，我們一旦安全，就會在許多層次出現神奇的事，不僅是社交關係方面，也與能否運用腦部某些部位、某些產生快感的部位有關——使我們變得開朗、有創意，也非常正面。

布：

就你對壓力的定義而言，那意味著什麼？

波吉斯博士：

「壓力」是化為日常詞彙之一的奇怪字眼，混淆到如今我們甚至會談「好壓力」與「壞壓力」。我甚至不想使用這個詞！對我而言，我們用壓力一詞時，其實是在講主動反應——而主動反應並不總是壞事。

主動反應是身為哺乳類動物、身為人類的一部分，因此問題其實是出在主動反應並未獲得功能上的成果時，那也許可以稱為「適應不良的主動性」，可能就是所謂的壓力吧。這裡提出一個例子：如果你不喜歡訪談人或被訪談，你的生理就會轉變，心臟會跳得很快，你會想脫離這種情境，但你又脫離不了，你的生理支持你採取主動反應，但你卻無能為力——這時就出現了適應不良的情況。

第六感與內感受——尊重身體的回饋

當代社會一直忽略身體感受，往往不尊重身體感受。我們通常都被教導要否定身體的回饋，這是管理行為的策略一環。

想想在這個結構嚴密的社會化環境中，我們面對種種發展過程時，總是會告訴自己，不要對身體需求做出反應，雖然想起身走動，但我們會告訴自己再坐久一點，有內急也不上廁所，餓了也不吃東西。我們拒絕這些需求與感受時，就是關閉（或試著壓抑）調整生理過程的回饋圈的感受部分。

內感受反映出從內臟傳到腦部的回饋，了解內感受，就能了解不同生理狀態所傳達的回饋，能促使我們運用不同腦部區，並影響著我們的決策、記性與其他認知過程。

布：

那和較高階的過程有關嗎？

波吉斯博士：

是的，就某個方面來說的確如此。如果你胃痛嚴重，你能善加執行高階的認知任務嗎？在胃痛的例子中，內臟的回饋限制了我們思考與解決複雜難題的能力，但我們的文化實在不容許這種事發生，所以它建議你：「覺得痛就去吃藥，那就不會痛了。」然而，如果那種疼痛是你的身體要給你的協助或通知呢？

在我的世界中，內感受會混入另一個我經常使用的概念，我稱之為神經覺。神經覺是神經系統在沒有意識覺知的情況下對環境風險的評估，神經覺出現時，我們會試著提出敘事來說明自己為何會被觸發某種感受。有趣的是，**雖然我們對觸發神經覺的信號一無所知，卻常會透過內感受意識到神經覺所引發的生理反應。**

神經覺可以用以下的例子來說明：你遇見某人，他看似聰穎，外貌吸引人，但你卻不受他吸引，因為他的聲音缺乏抑揚頓挫，臉部表情平板。你無法理解原因何在，但透過神經覺的過程，你的身體做出了反應：「這是獵食動物或不安全的人。」因此你發展出個人敘事來使你的反應合理。

迷走神經如何影響情緒表達——關於迷走神經張力

我們來界定常用的迷走神經張力（vagal tone）這個概念吧，說得更精確一點，它叫做心臟迷走神經張力。迷走神經張力的概念，在文獻中是用來反映有髓鞘迷走神經路徑對心臟的功能，這個概念往往是以心率每拍之間振動模式幅度的量化來測量，心率模式是以類似自發呼吸的週期發生，這種週期又稱呼吸性竇性心律不齊。呼吸的影響非常深遠，在吸氣期間會大幅減少迷走神經對心臟的影響，呼氣期間則加強迷走神經對心臟的影響，為這種韻律提供了生理基礎。其他迷走神經張力的測量法則以較全面描述性的心率變異統計為根據。

現在來將迷走神經張力連上情緒的調節吧！「情緒」是一個複雜且含糊的詞彙，因為它是描述經由不同系統調節的各種不同情緒與感受。情緒代表一群心理概念，種種情緒並非全是同樣幾種生理路徑的顯現。

發聲是情緒表達的重要部分，它與新的哺乳動物有髓鞘迷走神經有關，因為發聲與臉部表情是由調節迷走神經的腦幹區來調節，事實上，有髓鞘迷走神經路徑直接參與了抑揚頓挫的調節。

如果你失去了對有髓鞘迷走神經的掌控，那你能表達的情緒便會改變——你會失去上半部臉部的肌肉張力，下半部臉部的肌肉張力則也許會增加，會發生這種情況，**是因為臉的上半部提供的是安全的重要信號，下半部則與啃咬有關，是與戰鬥／逃跑有關的防禦系統。**

迷走神經活動與情緒是相關的，但情緒還有第二個面向。前述的第一個面向是頭臉部橫紋肌的調節、聲音的語調、迷走神經對心臟的掌控之間的常見關聯，但第二個面向較仰賴交感神經系統，反映出行動與生理狀態之間的相互作用。如果人處於主動的狀態，他所能表達的情緒範圍便會大幅減少。如果他們採取主動反應，就必須調降有髓鞘迷走神經路徑的影響，而這反映在迷走神經張力對心臟的影響降低。

舉個例子：請想像一對伴侶，兩人在跑步機上邊互動邊快速跑步。跑步時，他們的生理狀態會轉變成高度運用交感神經系統，在這種狀態中，你會看到他們的情緒表達變得有限，他們很容易做出被動反應，當然，直覺上你知道會發生這種情形，是因為生理在跑步期間無法支持臉部表情與聲音抑揚頓挫的調節。

布：

如果迷走神經的調節是情緒調節的關鍵部分，那麼干擾這段過程就會導致情緒障礙了。

波吉斯博士：

或是對意圖的錯誤詮釋。我們能阻斷表達，只要將肉毒桿菌用在臉的上半部肌肉上，便能讓豐富生動的

> 透過臉上半部來搜尋訊號，可判斷此人的感受，若阻斷這部分，就可能會錯誤詮釋對方的情緒反應。

表情減少；生動與快樂是表現在眼輪匝肌上——即眼睛四周的眼眶肌肉，我們透過臉的上半部來搜尋訊號，判斷一個人的感受，如果阻斷了這個部分，那就可能會錯誤詮釋對方的情緒反應。如果我們阻斷了迷走神經對心臟的掌控，由於調節迷走神經的腦幹區也調節著臉部，那麼他們的社交互動也會出現問題。

如果那個人有吃藥，那將會產生其他問題。許多藥物有抗副交感神經的效果——意思是會阻斷膽鹼能路徑，迷走神經是主要的末梢膽鹼能路徑，因此這類藥物或許會改變生理狀態並縮限情緒表達的範圍。

減緩心率的煞車系統——迷走煞車

「迷走煞車」是你我能坐在這裡而不會想衝出屋子的原因。迷走煞車會使心率變緩，是由有髓鞘迷走神經來調節，迷走煞車說明了有髓鞘迷走神經的一個功能是影響心率調節器——即竇房結。

我們經常忘記，沒有迷走神經，心臟每分鐘會多跳二、三十下，沒有迷走煞車來抑制心臟的節率器，我們每分鐘的心率會高達九十以上。會出現這種心率的「煞車」，是因為心臟的天生節率器（竇房結）的固有速率，比正常心率快得多。

迷走神經提供「煞車」來抑制竇房結，減緩心率。這種現象提出了幾個重要的適應選項，這意味著如果我們想將每分鐘的心率提高十或二十下，只要把煞車拔掉就好了，我們不需要刺激交感神經系統，由於它是一個作用範圍廣大的系統，如果我們刺激交感神經系統，我們可能會因此陷入憤怒或驚慌狀態。哺乳動物的神奇能力能增加心臟輸出來促進主動反應，而又不觸發交感神經系統，只要把煞車拔掉，就能做出這些微小的調整。

是受威脅還是感覺安全？——神經覺如何運作

神經系統是演化來偵測環境中的某些特徵，無論是聲音特徵還是周圍的手勢特徵，神經系統都能立即做出詮釋，這個詮釋有一大部分不是出現在認知意識的層級，因此「知覺」一詞不是很適合。所以我提出「神經覺」一詞，基本上是指神經系統在評估風險時，並不需要對風險產生意識覺知，而當它評估風險，它會試著協調、導引或觸發適合那個情境的神經。

如果你聽見或靠近正在互動、微笑、說話，聲音裡充滿抑揚頓挫（語調高低）的人，你可能會感覺非常自在，想更靠近他一點；你會意會到，背景音消失了，你變得興致勃勃，身體狀態平靜下來——因為對方的社會參與系統觸發了你安全的神經覺。

相反地，如果你和對方互動，他都以三言兩語應付，聲音裡缺乏抑揚頓挫，那你的神經系統就會突然起反應，身體會想與那個人拉開距離，因為它傳達出「你並不安全」的信號。這便是神經覺的例子。

有些人有這類問題——他們以低頻聲大聲說話，而大多數人，尤其是女性與兒童，則不想靠近他們。透過神經覺的過程，神經系統在你不知不覺中做出了詮釋。

布：

神經覺是具象化的直覺嗎？

波吉斯博士：

我同意你的詮釋，神經覺會導致生理對風險訊號做出反應。但還有第二步，我們往往能察覺自己的生理反應（雖然未必能察覺到引發神經覺的環境特徵），這些生理感受經常影響著我們對該經驗的個人敘事，我們的說法必然符合那個經驗——雖然有時候聽起來根本毫無道理：「因為我喜歡這個人／我不喜歡這個人／這個人待我很差／我不喜歡去購物商場……」它會試著讓自己的敘事聽起來合理，試著讓似乎沒道理的混亂反應聽起來有邏輯。

布：

我們治療創傷時很常碰到這種情況，其實是，我們在所有類型的病況中，甚至在自己的個人關係中，都很常碰到上述情況。

> 當神經系統偵測到危險、風險或恐懼的神經覺時，你可以讓自己脫離那個環境，而非逼自己留在環境中。

波吉斯博士：

是的。我們必須了解的是，人被觸發進入主動防禦或關閉反應時，會發展出精緻的敘事來將身體反應給合理化。承認對身體反應有覺知很重要，這些反應不僅改變了生理狀態，也會影響人們的認知。生理狀態影響我們對他人的認知，了解這點有助於病患修正他們的個人敘事。

假設你此刻胃痛，腹痛如絞，你要如何與他人相處？你還能支持他人、與他人互動嗎？還是你會變得敏感而反覆無常？

如果你胃痛，在社交場合中就無法良好發揮，但假設你未意識到，事實是你的神經系統受環境觸發——那你的胃痛就不是源於脹氣，而是其他問題了。你突然間感到特別暴躁，你想責怪他人嗎？還是你想在這個複雜的世界中找到一塊安全之地？

我常說**神經系統失效時，就用行為來修正。**當神經系統偵測到危險、風險或恐懼的神經覺時，或許你可以聰明一點，讓自己脫離那個環境，而非強自振作地說：「你必須留在那個環境中。」

如果我們夠聰明，夠明理，就會聆聽身體的信號，**如果不聆聽，神經系統就會失靈，無法帶來自我安慰，只好「發洩」**——而這成了描述那種情況的詞彙，就像小孩發脾氣時找事情「發洩」一樣。這種無法在社交環境中調降防禦反應的失能，在功能上反映出神經系統的失靈，我們才會找事情「發洩」。

然而，更為成熟的人（至少我們希望自己能夠如此）會更認識這些系統，可以思考並將身體移到不那麼高壓的情境。

有朋友陪伴時，人們的反應大多是覺得自己能安全一點，然而，如果不是朋友的陌生人來到同一個環境，他們的神經系統就會進入另一個狀態，告訴他們說：「我必須離開這裡。我不信任這個人。我不安全。」

對威脅與安全的反應——神經覺的運作

布：

你也假設有另一種情況——邊緣型人格障礙——的病患，可能很難維持他們的迷走煞車。

波吉斯博士：

是的，這要回到神經覺來談，討論身體在評估環境風險時是偵測到什麼。有邊緣型人格的人，其神經覺策略可能非常保守；我來提出一個類比，看能不能說明。

我們坐飛機旅行時，會前往機場，通過安檢關卡，接受運輸安全管理局的質詢。邊緣型人格患者的神經系統，在功能上就好比其體內有一個管理局人員，時時過濾著他人來判定有無風險，他們的神經系統就像會說「上飛機吧」或「不准上飛機」的管理局人員；而如果他想百分之百確定飛機上沒有恐怖分子，就會阻止所有人上飛機。從這個類比來談，飛機就是邊緣型人格患者的身體，管理局人員就是神經覺，因此，邊緣型人格患者的神經系統就像時時確保不會有恐怖分子上機的管理局人員，不允許他人獲得他的信任。對某些人來說，這風險太大，所以他們不准許任何人靠近他們。

好，我們來假設，邊緣型人格患者的神經覺設下了比常人低得多的閾值，它告訴他們：「只要有人顯現出任何特徵，就不准靠近我；靠近我的話，我會做出反應，離開他們。」這裡的問題其實是在於，環境中的信號——他人的信號——觸發了邊緣型人格患者的防禦，但卻不會觸發其他多數人的防禦。

布：

如果循著這條論點思考下去，會得到什麼結論？

波吉斯博士：

首先，我們假定自己就理解到這裡，不再深入研究；除了理解之外，我們不提出任何介入手法。如果我們理解這些特性，並告訴病患與治療師，那這層理解本身就能改變他們的反應，一旦他們了解自己在做什麼，就會因為從上而下的調節帶來某些改變。

請讓我稍微偏離一下，談談創傷，稍後再回到邊緣型人格。我時常對治療創傷的醫師團體進行演講，我傳達的主題聚焦於理解並承認，當身體進入某種與創傷有關的狀態時，它的反應是很英勇的。身體協助我們，拯救我們，身體不會棄我們於不顧——反而會試圖協助我們活下來。

> **與其喚起防禦，我們必須理解並尊重身體為我們鞠躬盡瘁，且以此而驕傲，而非感到困窘不安。**

問題在於，身體反射性地將我們置於與生存有關的狀態——例如關閉狀態時，我們就很難脫離這種狀態，回到有助於社會參與的安全狀態中。這裡要了解的重點是，這類在功能上改變生理狀態的身體反應是不由自主的，當我們反射性地進入關閉狀態時，平常接觸得到的自主行為範圍就會大幅縮減，我們的身體改變了，變得不同了，現在的身體轉而支持自我保護，而非社會參與行為。

我鼓勵治療師向病患說明，他們的身體反應其實是為了讓他們活下來，值得嘉許。患者必須了解，留得青山在就是最重要的事——**他們從可怕的體驗中活了下來**，而現在他們必須將自己當成英雄看待。

有治療師在治療時將上述資訊告訴病患，而從我收到的電子郵件回饋來看，這項策略確實有正面影響。病患做出了這類陳述：「當我了解到這點，當我的個人敘事不再責怪身體無法社交，反而覺得身體做了件很好的事，事情就突然好轉了。」

有幾種療法會採用暴露療法，去除個人對創傷刺激的敏感度。這種行為觀點誤解了患者生理狀態與防禦狀態的角色，由於患者的生理狀態，這些療程非但不會減少他的反應，反而會使他對創傷事件的相關刺激變得更加敏感。與其使防禦系統面對創傷信號，我們必須透過由上而下的影響來調降防禦系統的反應，我們必須以對身體的理解與尊重來調降防禦反應；與其喚起防禦，我們必須理解身體為我們鞠躬盡瘁，我們要為此驕傲，而非困窘不安。然後，轉變就會從這類嵌入新個人敘事、由上而下的影響中出現，這種策略與鼓勵人自我疼惜（self-compassion）的治療策略一致。

如果我們能將邊緣型人格的特徵看成是對人類防禦反應的低閾值，那也許可以用類似的方法來治療。當然，如果你查看邊緣型人格治療的臨床史，經常會發現患者有著非常令人不快的過往，在這些臨床史中，從早期的創傷經驗到邊緣型人格的診斷，往往是有延續性的。也許創傷與虐待史觸發了他們的神經系統進入某種狀態，使其在功能上傾向於做出類似運輸安全管理局人員的反應來適應（沒有人能搭上這架班機！），並從中活下來，但現在他們可以了解，這些反應其實是適應性的防禦功能。如今他們可以為自己的倖存而驕傲，可以不帶憤怒或失望來看待自己的局限。

布：

那有點令我想起關於疼惜的研究，有人研究疼惜與自我疼惜，發現那對行為轉變、對憂鬱與焦慮有莫大的影響。我想你的解釋能大幅增進自我疼惜，使腦部處於截然不同的狀態。

波吉斯博士：

是的，我們在談的其實是使神經系統（包括腦部）處於安全的狀態。其實我們還能再稍微延伸一下，因為人們談到疼惜時，往往也是在談正念，而在正念中很重要的就是要處於安全狀態。**正念是人處於非評價、非批判的狀態中，一旦我們處於那種安全狀態，就不會輕易啟動防禦系統了。**

人們防禦心重時——對自己感覺不佳，對他人感覺憤怒——就會採用較古老的神經結構。**防禦反應與面對論斷的反應是有所重疊的，每當我們被論斷，就會啟動防禦的生理狀態。**也許邊緣型人格障礙的癥結，就是因為某種被長期論斷的感受激起了危險的神經覺，這類危險的感受會產生長期防禦的狀態，使這類患者對他人的觀感產生負面偏見。

新奇事物——對照哺乳類與爬蟲類的反應

布：現在我們來談談新奇事物吧。

你說過哺乳類與爬蟲類對新奇事物的反應有關鍵性的不同，哺乳類會將注意力轉向事件並與之溝通，爬蟲類的反應則不多。

波吉斯博士：哺乳類喜愛新奇事物，但必須是在安全環境下體驗新奇事物。只要想想小狗或小貓，甚至小老鼠，就會知道了——你看著牠們在你面前玩耍，這是離開母親身邊做的事，但如果有什麼危險或令牠恐懼的事，牠就會回到母親身邊了。

這個說法可能很矛盾，不過，那些大膽尋求新奇事物的人，可能也擁有著最能有效回到安全的路徑。我們尋求新奇事物並不僅是為了「嚐鮮」。在生活中，思維奔放的人也比較願意賭一把，他們在新情境中不會感覺不安穩，他們也是有強力社會支持網絡的人，不真的認為賭上一把會帶來生命威脅。

我們可以創造出支持理想哺乳類模式的環境結構或社會結構，與爬蟲類模式形成對照。哺乳類模式能賦予他人力量，傾向於共享環境，對他人也有較多同理心與照料，爬蟲類模式則會製造出孤立，而那不會產生大膽之舉。

布：

很有說服力，除了某個例子以外，也就是那些過度追求新奇事物的人——這類型的人渴望或需要持續處於危險之中。

波吉斯博士：

沒錯，我正巧也想到了他們。當我們創造模式，使許多人能做出更理想的行為時，也會看見極端的反社會或其他非典型行為；健康的行為會與他人互動，我想這是前者與這類人不同或可能不同的地方。

從高空彈跳中尋求新鮮感時，與朋友一起高空彈跳——看著彼此的臉一起往下跳，或在另一人的懷中跳傘，和無止盡地體驗一長串的孤立事件，持續觸發神經系統採取主動反應，並保持自己不落入非主動狀態中……兩者之間是有區別的。

布：

所以說，撇開這類人不談，大膽尋求新奇事物的人也是擁有最能有效返回安全的路徑的人。

波吉斯博士：

如果我們思考創傷的後果，受創傷的人不會尋求新奇事物，也沒有重返安全的路徑。

玩耍——培養調節技能的神經練習

我們改來討論玩耍吧，因為我覺得深入理解玩耍或許能給我們幾條線索，了解創傷的後果。

玩耍除了採用社會參與系統，也會採用可看成是防禦系統的各方面：我們採取主動行為，但不傷害彼此。在哺乳類的玩耍中，我們可觀察到「面對面互動」所代表的獨特意義——這同時也是我們用來定義玩耍的關鍵特徵。哺乳類動物玩耍時會持續透過臉部表情來呈現安全與信任的信號，無法維持面對面的接觸時，則會使用聲音來呈現這類信號，他們會向對方傳達出，他們覺得對方可安全相處的信號。我們在幾種哺乳類身上都可看見這點。

如果孩童玩耍時沒有進行面對面的互動，那傷害的風險就會提高，我們在操場可以看見這種情形，有些

> 玩耍在功能上是一種神經練習，這種神經練習能促進生理狀態的轉變，提升彈性。

孩子沒有人想跟他們一起玩——因為他們時常有行為調節上的問題。他們在他人進行社會參與時採取主動反應，忽略了社交互動的關鍵信號，而這類主動策略往往會造成閃避不及的同學受傷；**這些孩子無意傷害他人，他們只是沒有注意到他人，也沒讀取到其他孩子的社會參與信號。**

玩耍的各方面或許可以提供途徑，使人返回較理想的心理健康。**玩耍牽涉到主動與抑制主動**。與多重迷走神經論所描述的層級一致，社會參與系統可以有效抑制主動反應。

我還是學生時，玩耍的適應性功能被認為是在操作戰鬥／逃跑技巧，當時學校教我們要對哺乳類幼獸（如小貓等）的玩耍行為做出這類解釋。理解了多重迷走神經論描述的自律神經狀態層級後，我們可以重新提出解釋；從這個觀點來看，玩耍行為的主要適應性功能可能與培養狩獵或戰鬥技巧無關，**而是與培養調節技能有關**。玩耍在功能上是一種神經練習，使玩耍的哺乳類能無懼地遊走於三種多重迷走神經狀態之中：社會參與、主動反應、非主動反應；這種神經練習能促進生理狀態的轉變，提升彈性，使哺乳類能在他人接近時，無所畏懼地採取非主動反應。

如果你去看小貓小狗，會發現牠們玩耍時永遠保持著面對面接觸，牠們和同伴玩耍時感到十分安全，不會保持警覺防止自己睡著；玩耍的情境並不危險。功能上，**牠們是運用社會參與系統的面對面互動來抑制主動反應**，將這點解構並融入多重迷走神經論，也就是說，牠們是運用有髓鞘迷走神經來調降並抑制交感神經系統的活性。

我們的文化往往將玩耍與電子遊戲混為一談，但電子遊戲不需要採取主動反應，孤立的運動與社交玩耍也常被混淆，這類型的運動通常不需要面對面，它模仿著支持戰鬥／逃跑行為的生理狀態，而沒有運用社會參與系統的資源。

布：

如果迷走神經張力負責調節高壓時期的身體，那迷走神經是否有可能對身體造成實質上的傷害，尤其在創傷性經驗或破壞性事件期間？

波吉斯博士：

「傷害」是一個複雜的概念。再次重申，我在多重迷走神經論中想建構的一個特點是，生理反應無所謂好壞，只會造成適應性的後果。

接著我們必須思考那些適應反應是否符合當下的情境——這有助於我們擺脫我所謂的「道德色彩」，不以好壞來論斷反應，尤其是當反應主要是由自律神經系統狀態的變化來驅動時。

如果某人的神經系統在歷經創傷後變得不再具有社會性，我們往往假設他會出現某些問題，與之相反的是，**他們可以將自身神經系統的變化看成是一種適應，這種適應是身體為了拯救他免於傷害、死亡、痛苦而施展的神奇策略**。

迷走神經會帶來傷害的問題很有意思，因為膈下迷走神經被用來進行防禦時，有可能破壞膈下器官的生理功能，這往往特別會展現在吸收的問題上，其他症狀也可能發生，造成個人必須尋求內科醫師的診斷與治療。經歷過創傷的人，也許會深受這種較古老的迷走神經防禦系統所影響，如果你去觀察有創傷史的人的臨床症狀，會發現大量膈下問題——不論是肥胖、吸收問題，還是其他類的神經生理問題。

布：

我們再複習一次。你會如何精確描述迷走神經在其中扮演的角色？

波吉斯博士：

過去我們建立迷走神經的概念時遺漏了一點：演化上較古老、主要通往膈下器官的無髓鞘迷走神經，也能做出防禦系統的反應。

你可以很快理解非主動行為（如昏厥與解離等）對生存帶來的影響，但可能沒想過運用這種系統對健康造成的後果。當人做出非主動的防禦反應與關閉行為，膈下迷走神經的輸出可能會破壞恆定狀態，造成某種衝動或靜止狀態，這會導致膈上器官出現層出不窮的醫療問題。這麼說好了：古老膈下迷走神經的神經調節，可能促成了時常與創傷同時出現的幾種生理健康症狀，即共病症，例如腸燥症、纖維肌痛、肥胖及其他腸道問題。

如果回到一九五〇年代，當時的人有某些類型的腸道問題時，外科醫師會施以迷走神經切斷術。迷走神經切斷術是一種外科手術，醫師會把迷走神經的膈下分支切斷，由於迷走神經的膈下分支與釋放及調節腸道的酸分泌有關，因此這種手術是處理胃潰瘍的醫療方法，但它目前已經不再是通用的程序了。

布：

切掉膈下迷走神經後，會對患者造成什麼後果？

波吉斯博士：

就照顧臨床症狀來說，這種手術不是很有效，就我所知，在心理學或生理學領域，沒有人研究過破壞腸道往腦部的神經回饋造成哪些後果。施行這種手術的外科醫師不僅會切掉膈下迷走神經分支的運動路徑，也會切掉其感覺部分；這也會影響從膈下迷走神經接受神經輸入的其他器官。

但要記得，我們的醫學模式是：「我有一個目標器官，如果它功能失調，那就整頓它；如果它過度反應，那就阻斷影響它的神經。以藥物來達到目的。」只是當時的做法是以手術、而非藥物來進行的。較開明的策略是了解這些系統的神經回饋，監督其對適應性功能的反應。

布：

確實如此。藥物或許是比切掉迷走神經更開明的做法，但真正該思考的是，如何進一步理解其功能所在。

波吉斯博士：

是的。在描述我進行 MRI 出現的恐慌反應（見第一章）後，我了解到急性用藥可能扮演著很重要的角色，能使人在神經系統失調或調降的特定環境下正常運作。

布：

但那是在偶一為之進行 MRI 的情況下。如果你每天都必須服藥，才能搭電梯到二十五樓去工作……

波吉斯博士：

你描述的是急性與慢性用藥的重要區別。我們對急性用藥的認識比對慢性用藥多，但我們的社會大多將急性用藥的積極運用普遍化，使其變成慢性用藥。舉例來說，有些人需要乙型阻斷劑來處理焦慮問題、公開演講，也或許僅僅是搭電梯，乙型阻斷劑能阻斷交感神經系統的一部分，將支持主動行為與過度警覺的適應性防禦選項去除。

由於焦慮同樣是主動反應與過度警覺下的產物，因此，為了處理焦慮而服用乙型阻斷劑，能使以往因交感神經系統活化而觸發防禦反應的人，感受到過去難以擁有的體驗。

大多數人獲得這些藥劑協助時，沒想過它也會阻斷神經系統適應性的重要功能。我們一旦服用乙型阻斷劑，就會阻斷交感神經系統的一部分，長期下來，這種常用療法會對健康與行為造成什麼效果呢？

創傷事件的殘留反應——解離

布：

你早先說你希望我們多加了解迷走神經與各種解離狀態。

波吉斯博士：

這對我來說是新的探索領域，我們都是學子，試著探索新領域，理解重要議題。過去我不了解人們的解離狀態有多常出現，我不了解那個過程——尤其是受過創傷的人身上的解離過程。

現在我正開始在幾個層次上將解離過程概念化。其中一個層次是觸發最初解離的創傷，以及它與較古老的適應反應之間的連結，基本上，觸發生物行為上的關閉狀態，是古老的迷走神經回路。

你關閉時，心率會變慢，雖然這種反應在爬蟲類身上運作良好，但在哺乳類身上會產生一些問題，因為哺乳類需要大量充氧血通往腦部。哺乳類關閉時，通往腦部的充氧血量會大幅減少，這會減損功能，有可能導致失去意識。

發生這種事時，對我們的認知功能會有何影響？即使關閉不足以造成失去意識，它也會改變我們的覺知，認知資源會因此大幅減少，我們做決策甚至評估情況的能力可能會受影響，而這些特徵都與解離一致。

現在問題來了，觸發創傷的事件發生過後，對神經系統有何殘留效應？在創傷事件之後，神經系統會更容易進入解離狀態嗎？啟動解離的閾值是否改變了？當然，對創傷倖存者與臨床醫師而言，真正的問題是：我們要如何脫離那種解離傾向？

我們使用的模型出奇有限。歷來用來治療創傷的模型都是行為模型——減敏、意念形象法❻、認知行為療法等模型，但我們卻未採用或想過採用非常類似味覺嫌惡的模型——這種一次性嘗試學習的條件模式經由僅有一次的接觸，使某物產生聯結，以此觸發我們、使我們進入特定的生理狀態。

我們必須想到，味覺嫌惡也是取決於膈下迷走神經，即較古老的無髓鞘迷走神經路徑，而非哺乳類特有的有髓鞘膈上迷走神經路徑。味覺嫌惡產生的反胃反應，是在攝取受汙染的食物後出現的適應功能，味覺嫌惡就類似非主動反應與解離，試圖將生命威脅與內在傷害降到最低。

現在我在思考的是，研究一次性嘗試學習概念的一九四〇、五〇年代的科學，能否使我們深入了解一次性創傷事件如何改變行為，而那種行為變化又非常抗拒被修正。味覺嫌惡便是一次性嘗試學習的例子，它將單一事件與膈下迷走神經反應綑綁在一塊。

我將進行動物研究，檢視動物在一次性嘗試學習中學到什麼——尤其是味覺嫌惡的範式，我想了解用來反轉這種效果的方法為何、成效如何。從這類文獻來看，我們或許能發現線索，協助創傷倖存者做出較有適應力的社會行為。這些線索會促成這層認識：創傷的特徵是膈下迷走神經為防禦而做出適應反應的產物。

這種創傷性事件與膈下反應的一次性嘗試記憶連結，是儲存在神經系統的哪個地方？神經系統是如何處理這些儲存起來的記憶？這些問題還有待回答。

布：

史蒂芬，你是如何想到那方面的？

波吉斯博士：

那些特徵都與非主動反應有關，我想就和迷走矛盾一樣。這和我們運用的某些字眼有關——無論是「迷走神經」還是「行為」，如果我們不予以解構，那理解就會非常有限，我們開始將這些詞彙解構成動態調節過程時，才能開始看出這些部分其實是可理解的。

我們來思考某些類型的學習吧！我們這些在一九六〇年代晚期進入研究所的人面對的期待是，心理學的理論模型是行為模型，這些模型可以運用在身體過程中，以掌控內臟器官；這和用來掌控手指、手、四肢的行為，使用的是相同的模型。

一九六〇年代晚期、一九七〇年代早期，科學家們犯了一個大錯，他們以為「內臟器官的神經調節」和「透過意識操作行為來學習修正」，兩者的原則是一樣的。一旦他們意會到兩者不同，遵循著不同的「原則」，他們就不再有興趣去理解如何直接掌控內臟器官了。

生物回饋這個學科試圖以學習與制約原則來修正對心臟或其他器官的神經調節，進而改善健康。然而，

---

❻ Visualization，又稱為觀想、內視療法等，在意念的引導下，利用視覺形象進行想像、思考，從而達到治療的效果。

生物回饋研究者已不再認為他們能直接影響調節自律神經系統的神經路徑了，他們甚至不再談論這種切入點。他們將治療結果描述成健康與生理功能的改善，不再直接歸因於某條神經路徑造成的因果。

早期在生物回饋與生理活動之操作制約的研究中，研究者試圖解釋如何掌控內臟器官（這些器官是由平滑肌與心肌構成，不牽涉骨骼肌）。自主運動會使用骨骼肌，而間接影響著自律神經狀態。一九七〇年代早期的一大科學問題是，操作制約學習原則是否能在不使用骨骼肌的前提下影響心臟。腦部是否能透過學習範式直接掌控心臟？

雖然科學家一開始發表了大有展望的結果，但卻重現不出同樣的結果。這類負面結論肯定了早期的觀點，即由自律神經系統掌控的器官，是無法透過操作制約學習策略來掌控的——這類策略在必須使用骨骼肌的行為時才有效。不幸的是，我們從此便再也不去理解能影響內臟器官調節的學習法則了。

檢視內臟反應之非自主性的上述科學背景，是我們了解創傷效應的關鍵，我們也才能解釋單一創傷事件是如何「重新調整」了自律神經系統的功能。創傷為適應反應提供了一個深奧的例子，然而，我們開始討論創傷後壓力症候群與其他根據徵候界定的臨床診斷疾病時，卻忽略了這點。有些診斷出有創傷後壓力症候群的人從未體驗過關閉反應，但其他無此診斷的人反而有；這類觀察顯示，有些創傷事件的反應是主動性高、防禦性高、十分焦慮的反應行為，其他反應則完全顯現為非主動行為。

為釐清診斷，我們必須理解調節這些不同反應的機制。我們必須強調，不應根據事件來做診斷，而應根據**個人對事件的反應**來做診斷。

布：

那會是什麼樣子？

波吉斯博士：

從我的觀點，我會去觀察某個子範疇——面對創傷的非主動、解離或昏厥反應——對照其他範疇來看。

布：

你是在談一次性嘗試方法。

波吉斯博士：

是的，將觸發創傷的一次性事件，以及諸多事件的累積，兩者進行對照。我想單一事件引發的創傷反應，其底下的機制是不同於複雜創傷的反覆虐待所帶來的累積效應。

從科學的角度來看，研究單一事件的創傷機制比較容易，也可能從中建立動物模型，為理解與治療人類創傷提供更多洞見。

單一事件模型能引領我們對患者提出不同問題。**我想我們需要非常詳盡的臨床史，必須多讓個人描述自己的反應與感受，多過我們對事件的描述。**

如果我們對其個人體驗、行為、感受有更多資訊——他們是否昏厥了、是否解離了、是否出現幻想、虐待期間發生了什麼事、事件之後又如何等……那將會成為關鍵。然後我們就能開始建立介入模型，使神經系統脫離那種防禦狀態。

雖然可能未必正確，但我自己的策略、或至少我最初的策略是，只要透過調整後的抑揚頓挫或安全的環境，讓社會參與系統的特徵產生作用，那或許就能讓患者脫離那種防禦性的非主動狀態。我們的社會參與系統與有髓鞘迷走神經（臉、聲音、運用抑揚頓挫聲調的能力，以及聆聽抑揚頓挫聲調的能力）能讓我們改變自己與他人的生理狀態；從功能來看，社會參與系統提供了介入與治療的入口。

如果我們能改變生理狀態，讓它與關閉反應相互衝突，那我想我們就能讓患者脫離那種狀態。最成功的創傷治療師是能讓患者在安全狀態下協調與運作的人，引導或協調患者產生安全感，就能使他不再運用防禦系統做出關閉或主動反應。

一次性嘗試學習——抗拒被修正的創傷後遺症

布：

你談到了一次性嘗試學習，請多告訴我們一些它的樣貌。

波吉斯博士：

一次性嘗試學習最常見的例子是化學或輻射療法與味覺嫌惡之間的關聯。當病患接受化學療法或輻射治療，他們會對治療前吃下的食物極為嫌惡，以至於很久之後還是會觸發噁心感——**要注意無髓鞘迷走神經與噁心有關**。

現在的問題是，科學家用來使人脫離那些反應的策略是什麼？

基本上我會說，在關閉狀態的一次性創傷反應中，那個人在事件發生前是正常或典型的人，但事件發生後，他無法現身公共場所，他開始有腸胃道的問題，他無法與別人太靠近，他對低頻聲過度敏感，甚至出現了纖維肌痛症與血壓不穩定的症狀。

有上述症狀的人為我們提供了理解底下機制的窗口。我們隱約知道那個機制是什麼，因為有幾種症狀是透過古老的無髓鞘膈下迷走神經來協調的，而這些特徵反映出的迷走神經反應，多半帶有無髓鞘迷走神經被用來進行防禦的特徵。

我的看法是，如果古老的迷走神經被用來進行對創傷事件的防禦，我們便能在功能上將其視為一次性學習的例子。

因為一旦無髓鞘迷走神經被用來進行防禦，那個人的神經調節就會變得不同，會重組為一種抗拒修正、抗拒回歸恆定狀態的模式，因此，對創傷的反應似乎非常接近味覺嫌惡模型。這類推測可望給我們更多洞見，使我們能解構創傷引起的非主動反應機制。

布：

我很欣賞你換個方向思考的做法，我會在你接下來的旅程中多加關注這點。

波吉斯博士：

這確實是一段奇妙無比的旅程，而人生就是如此。我提到過大膽與社交關係良好的概念——**除非你有身體能去的好地方，不然你就沒有那個心思前往。**

針對上述議題，很高興你能多加關注，我們居住的世界多半聚焦於認知功能，而未將認知與身體經驗融合起來，這個事實令我大感興趣，這導致了某種解離，而這種解離在每個人的生活中都占有重要的比例。

第四章

安全感就是治療

史蒂芬．W．波哲斯＆露絲．布辛斯基

一旦我們知道特定的生理原則，就懂得如何使人平靜下來，儘管病患在社交溝通上有困難，但如果你能觸發支持著社交溝通與平靜的生理狀態，那麼各種社交行為就會自動從這種神經框架出現。

多重迷走神經論——層級性的反應系統

布：

我們來重新勾勒前述概念，先從迷走神經說起，它在腦部與身體中的主要功能為何？

波吉斯博士：

迷走神經是副交感神經系統的主要神經，功能上是要連接腦部與身體。事實上，達爾文在談論人與動物情緒的著作中描述過迷走神經——他稱之為肺胃神經，是連接身體兩個最重要器官的神經：腦部與心臟。迷走神經是從腦部出發的神經，它是腦神經，直接進入心臟並通往其他內臟器官。

迷走神經參與調節內臟器官的相關生理過程，包括心臟與腸道。這種雙向功能極為重要，卻備受忽略，迷走神經不僅傳送腦部的信號給內臟器官，也從內臟器官傳送信號給腦部，迷走神經參與了由上而下及由下而上的功能。迷走神經有八成的纖維是感覺纖維。由於我們現在感興趣的是腦—身與心—身關係，迷走神經就是一個主要的神經入口。

布：

好，你的理論不是叫做迷走神經論，而是多重迷走神經論。請說明一下。

波吉斯博士：

首先，我們有由來已久的神經生物學，接著就產生這套理論。神經生物學包含的事實是：在哺乳類身上，迷走神經包含兩個功能相異的運動路徑，它們是在脊椎動物演化的不同時期發展出來的。這點極為重要，因為它們扮演的角色截然不同，這兩種不同的迷走神經路徑，起源於兩個不同的腦幹區，其中一區（疑核）與所有顏面肌（攝食的肌肉、聆聽的肌肉、與他人互動的肌肉）的調節有關。我們的社交神經系統與這種演化上較新的迷走神經息息相關——呼吸也是。

布：

那是由較新的迷走神經負責的？

波吉斯博士：

對，是由演化上較新的迷走神經負責，較新是指它是隨著哺乳動物發展出來的。我們必須記得，**哺乳類是非常特別的脊椎動物，他們需要與其他哺乳類共同調節自己的身體狀態與生存**，這成為我們探索的一部分主題。創傷破壞了人與人之間建立關係、運用社交行為調節迷走神經功能（讓我們平靜下來）的能力。

第二種迷走神經出現在橫膈膜下方，也就是膈下迷走神經，這些神經在爬蟲類、甚至魚類等其他脊椎動轉換成防禦性的交感神經狀態時，神經覺會懷有偏見，將他人的意圖詮釋成是負面的。

物身上也有。這兩種迷走神經回路與交感神經系統和諧合作，使我們能達到最理想的生理過程與健康，但它們也對世界做出反應，我們用它們來進行防禦或對社會挑戰做出反應。

現在我要討論下一點了。我們大多數人都聽過自律神經系統，知道體內有交感神經系統支持著我們主動出擊的驅力，例如戰鬥／逃跑行為，並參與著與壓力相關的反應。我們知道副交感神經系統的迷走神經支持健康、成長、復原，而副交感神經系統與交感神經系統時時對立。這些概論有一部分是正確的，但不是全都正確。

我們必須換個角度去看待被用來因應人世挑戰的自律神經系統。如果我們在安全的環境下與他人交談，那就沒有危險，沒有理由刺激交感神經系統來支持戰鬥／逃跑行為。

但身處於安全環境並不意味著我們應該關閉交感神經系統，我們仍舊需要獨立於戰鬥／逃跑防禦之外的交感神經活性。交感神經系統對我們來說很重要：它能促進血流，使我們警覺而自信，然而，我們不使用交感神經系統來啟動積極的社交行為，如果這麼做，我們會轉換成防禦狀態；轉換成防禦性的交感神經狀態時，神經覺會懷有偏見，將他人的意圖詮釋成是負面的。就正常的社交行為而言，我們會想運用較新的迷走神經來促進最理想的社會參與行為，抑制自律神經系統，使其不轉換成防禦狀態。

接著我們必須來討論多重迷走神經論的理論部分了，這個理論認為，這些神經回路對世界的回應是有層級的。就如演化上較新的腦回路會抑制其他回路，那些調節著內臟器官、較早演化出來的神經回路，也會受到演化上較新的回路所抑制（見「退化」，32頁）。

根據我們對自律神經系統之演化的認識，哺乳類身上最古老的系統是無髓鞘膈下迷走神經，當它用來進行防禦時，會令我們關閉——類似許多爬蟲類的防禦策略。爬蟲類會靜止不動，以減少新陳代謝活動；牠們會潛入水中幾個小時不呼吸。

自律神經系統下個階段的演化變化，是出現支持戰鬥／逃跑行為的脊椎交感神經系統。

隨著哺乳類演化，新的神經回路也演化了出來，整合了社交行為與生理狀態的調節。這種新的迷走神經系統使哺乳類能與他人進行社交互動，這個系統基本上能使社交行為表現得宜，並在功能上保護了自律神經系統用以支持恆定功能的部分。新的哺乳類迷走神經系統運作良好時，膈下的交感與副交感神經系統就會交織成恆定狀態，反映出自律神經平衡的正面特徵。

我和治療創傷病患的臨床醫師談話時，他們告訴我，許多病患都有吸收問題，如胃痛或便祕。多重迷走神經論認為，**這種膈下迷走神經回路的失調，是因為把這條回路用來進行防禦，破壞了它支持恆定的角色。**

人處於戰鬥／逃跑與恐懼或危險的狀態時，膈下部位的神經調節就會降低，當膈下迷走神經高度運用在戰鬥／逃跑或壓力行為上，交感神經活性就會變高，迷走神經兩種分支的功能就會調降。然而，多重迷走神經論認為，為因應威脅生命的挑戰，膈上迷走神經與交感神經系統的調降，會使膈下迷走神經轉而用來進行防禦，而這個古老防禦系統的產物就是非主動行為，試圖讓個體變得毫無生氣，血壓反射性地改變，造成昏厥，背側迷走神經輸出的增強則造成排糞。根據這個理論，我們可以看出這些不同的神經回路支持著哺乳類的不同行為範圍——人類當然也不例外。

心─身連結如何影響醫療狀況——神經系統與器官的雙向影響

我們住在傾向以醫學治療器官的世界，彷彿每個器官都能獨立治療，不屬於相互影響的整體自律神經系統的一部分。

我們可以把事情說得很哲學，但我想還是從實際面說起比較好。我目前在醫學教育中擔任醫學院教授的角色，任教已有十五年，我從這個角色了解到，醫師們不是非常清楚神經系統在調節他們治療的器官上扮演著何種角色。

我們使用「神經系統」一詞時，已經是隱含著腦部與身體的連結系統。自律神經系統不是僅位於脖子以下，中央神經系統也不是僅位在腦部，神經系統會讀取身體狀況，根據身體傳來的回饋改變腦部——腦部當然可以調降身體的行為，可觀察到的行為與內臟功能皆能受其影響。

我們可以從這點來談談末梢症狀——要記得，我們可以將症狀分成膈上（發生在橫膈膜上方）與膈下（發生在橫膈膜下方）。繃得很緊的人因為異常焦慮，可能會表現出交感神經系統被用來做為防禦系統時的症狀；只有當膈上迷走神經受到壓制或功能消褪，交感神經系統才能有效用於防禦。有趣的是，諸多臨床症狀如高血壓、心血管疾病與膈上器官的其他自律神經障礙等，是與膈上迷走神經張力低、交感神經系統活化有關的。

對創傷與長期受虐的倖存者而言，膈下迷走神經系統可以用來進行防禦，這會發生在解離的狀態。當膈下迷走神經被用來進行防禦，可能會由此出現不同的臨床障礙，病患可能會出現纖維肌痛、消化與腸道問題、可能想要卻有體驗與享受性愛的困難等，我們在女性身上會看見這點，她們在性交時排糞，因為膈下迷走神經做出了防禦反應。

醫學界內部看成與終端器官相關的幾種臨床症狀，可能與這些器官的神經調節受損有關，然而，很少有醫師能充分意識到神經系統對內臟器官功能的貢獻，察覺到這點也許能改善我們對障礙的解釋與治療。

沒有如神經調節這類組織原則協助我們理解臨床障礙的機制，診斷結果就可能造成病患感覺失控與絕望。多重迷走神經論的一個重要部分是要告訴倖存者，他們不是受害者，那些症狀其實是使他們適應並活下來的神經掌控系統的產物。

遭背叛的信任——創傷帶來的非自主反應

布：

你提到創傷時常深刻影響著人的信任或安全感。

波吉斯博士：

一個人如果在關係中受到心理傷害，不受傷的最佳方式是什麼？那就是不去信任任何人。社會參與系統就是在處理這些事的，它傳送信號給感覺安全的他人，促使雙方靠近。社會參與系統觸發神經覺，使對方感覺自在。如果對方本來覺得自在，後來卻感覺受傷了，那社會參與系統就會開始調降，它會轉而不准任何人在情感上靠近他，或許就連身體也不准靠近。

在關係中受過嚴重情感創傷的人，會發現自己很難創造新關係，儘管在認知層次上，創造新關係可能享有很高的優先性。他們也許會拼命想建立關係，但身體卻拒絕了。

我試著向創傷倖存者說明他們身體的功勞。創傷倖存者似乎普遍有一種隱微的感受，以為自己的身體做錯了事，做了很不好的事，**必須要有人告訴他們，身體的反應策略是為了保護他們、拯救他們的性命。他們的身體反應可能是要藉由非主動與解離等不回擊的方式，來盡量減低身體傷害與痛苦的折磨**，這種非主動反應的適應力很高，因為它可能不會觸發額外的攻擊。

透過非主動或解離反應活下來有幾種適應功能。問題在於：你的個人敘事要如何解釋這些非主動反應？你要如何運用那些資訊來看待自己？你是將自己看成受害者，還是終於能認為自己很勇敢了？

我曾收到一位六十多歲的女性寄給我的電子郵件，信中她描述了自己的經歷，少女時期，曾有人想勒住並強暴她。多年以後，她把這件事告訴女兒，女兒卻問：「你為什麼不反擊？為什麼不稍加反抗？」母親覺得很尷尬、羞恥。然後她告訴我：「讀了你的多重迷走神經論後，突然之間，我覺得自己證明了清白，現在淚如雨下。」

光是讀這封電子郵件也讓我淚如雨下。但重點是，她了解了非主動身體反應是為了保護自己，她理解到，在內臟器官的層面上，自己要為當時的身體反應感到驕傲。她當時的身體反應是英勇的，她不是受害者。

我們忘記了有些身體反應是反射性而非自主的，非主動反應正是面對生命威脅常見的「反射性」反應，有幾種其他哺乳類動物也有這類反應。對於沒有反擊或並未有效採取主動行為的人，社會對待他們的方式就像他們做錯了事，受多重迷走神經論啟發的社會卻會這麼表示：「這是你所能做出的最佳神經適應反應，幸好身體為你做出了那個決定。如果你反抗，可能就性命難保了。」

一切都是關於我們如何詮釋自己的行為——我們如何發展自己的個人敘事。

布：

是的，對參與網路研討會的心理健康工作者而言，這為我們多年來向病患說的話提出了生物學解釋：「你已經用自己所知的最佳方式活下來了。」也許那有助於他們真正感覺有人了解他們，並如你所說的，證明了自己的清白。也許他們能慶幸那點，或對自己的勇氣肅然起敬。

波吉斯博士：

是的，一切都是關乎更多的理解。如果我們在文化說「這樣不好」時，強行加上道德色彩，那就會對自己說：「我想，我確實不好。」但如果我們移開那種道德色彩，了解自己的神經生物適應功能，那就能開始看出那些反應的長處了。

隱微的偵查兵——神經覺如何運作

了解面對威脅性事件的神經生物適應反應，會深刻影響我們建立的創傷概念。功能上，我們的神經系統會持續評估意識覺知範圍外的風險，並反射性地改變生理狀態來促使行為（社會參與系統、戰鬥／逃跑、關閉等）做出最佳表現。

在某個意義上，神經系統是想進入支持最佳適應行為的生理狀態——至少是神經系統詮釋下最能適應當下情境的生理狀態，我將這個過程稱為「神經覺」。有時這類適應行為來得猝不及防，我們毫無準備，例如在進行 MRI 掃描或進入其他密閉空間時一陣恐慌，受嚴厲指責時感覺暈眩，或在演講時昏倒。

我們的神經覺也容易出錯，讓神經系統在沒有風險時偵測到風險，或在有風險的情況下偵測到安全。

有些人會在公開演講時暈倒，但原因並不真的是焦慮——他們來不及感受到焦慮就暈倒了。昏厥在臨床上又稱為血管迷走神經性暈厥，原因是**血壓迅速且大幅下降，造成流向腦部的充氧血流量不足，這種反應往往是因為神經系統偵測到生命威脅的信號。**一旦出現這種神經生理反應，意識大腦就會試圖提出解釋，建立可信的個人敘事；這段個人敘事往往聚焦於自尊，但出現這類反應的原因可能與自尊無關，而是由情境中的某種特徵觸發的，例如禁閉或孤立。

我曾有進入 MRI 的拘束空間進行臨床掃描時，出現恐慌反應的經驗（見第一章）。我很驚訝、震驚地發現，自己的身體會進入這種防禦狀態，我不喜歡密閉空間，但不認為進入 MRI 儀會觸發我的恐慌狀態。我時常處於相對密閉的空間，我很常坐飛機，雖然我不喜歡被夾在中間的位置，但還是尚可忍受，何況大多數人也跟我一樣不喜歡。從我的觀點來看，根據數十年來我對自身身體反應的理解，我的反應完全出乎預料之外。

哺乳類不喜歡被迫禁閉。**在不同哺乳類物種中，最強而有力的壓力源似乎是孤立與拘束**，只要思考一下我們世界中的這兩種壓力源，再從醫療與我們照顧病患的方式來看這個問題，就能有所領悟。

布：

是的，我想你透過最近的個人經驗，也有了近觀這點的機會。

波吉斯博士：

是的，我同意你的說法。去年四月我被診斷出患有攝護腺癌，我不能選擇什麼也不做——我是這樣對醫師說的，但他們不喜歡這個建議。生檢顯示有一些攻擊性相當強的癌組織在，所以他們給我的選項是寬射束輻射或直接切除攝護腺。

這裡有幾件事要說明。首先，我現在很好，我想傳達的重點是，在聽到診斷結果時，儘管你充分得知病況，身體還是會開始進入關閉狀態。我在診斷結果出來後監測著自己的身體反應，我覺得腿軟，許多聽我演講的人明白我的意思，我正進入關閉狀態，而我知道那不是好事。

儘管我被告知診斷結果，但醫學診斷還是有未知數，而治療的未知數可能會帶來極具破壞性的後果。我們不知道身體會如何反應，無論我們對那個疾病、它的治療方法、復原的可能性有多少認識，都還是有未知數存在。

我發展出一套策略來因應這種可能威脅生命的診斷結果，首先，我把手術延後到八月。許多獲知診斷結果的人會急著治療，儘管癌症的發展速度很慢，延緩治療仍會令他們心急如焚。

我把手術延到八月有兩個原因：一是我必須取消幾次出差，而要我這麼做實在很困難。儘管診斷結果十分不妙，但取消出差更令我加倍困擾，我得空出三個月來進行手術與復原，我從來沒做過這種事，但這次真的得這麼做了。二是我想為手術好好休養身體，以加強我的復原速度，我開始運動，減掉四、五公斤左右的體重，改善體適能。

在動手術前，我仍持續演講並舉行工作坊，這些互動機會提供了我與他人連結的管道，我將演講當成治療自己的方法。在系列演講快結束時——我必須進行八到十場左右的演講，包括到歐洲出差兩趟——我覺得自己與世界的連結良好，感覺很棒。我準備好動手術了，我覺得如果生命就此結束，那也無妨，因為我覺得自己和世界的連結良好，我對家人的感覺很好，我對人生的感覺很好。那種壓力一掃而空、沒有任何恐慌感的經驗實在很有趣。我也在手術前兩週聆聽引導式心像（guided imagery）的錄音帶。

我是在離家三公里多的地方動手術，從家中辦公室的窗戶就看得到醫院，在某種意義上，朋友都圍繞在我身邊。我到醫院動手術時，腦海中帶著美好的觀想與正面思維。

上了手術臺後，我對麻醉師說：「你知道的，你的工作是讓我在手術過程中不喪命。」

布：

沒有施壓的意思！

波吉斯博士：

對，但手術房護士聽了後說：「不，是你要保持自己不送命，這完全是你的職責。」我問麻醉師我的心率多少，他說六十幾。當時是早上七點半或八點，他們要把我剖開了，我沒有服用什麼手術前藥物，我完全放鬆。五個小時左右的手術結束後，除了第一天以外，我都感覺不太痛，也不會不舒服，這都是因為我的身體在手術期間**擺對了位置**。我真的感覺很好。

這裡進行了兩種過程：一是我對手術能「帶來幫助而非傷害」的心理建設，二是任何恐慌或怕死念頭的消失。這兩種過程使我能重新建構自己身為人類的角色；我從這段演講並與他人互動的個人旅程中學到，**生命的真正價值在於與他人連結**，那令我真心感覺良好……那是我的個人故事。

布：

我很高興你沒事。

謝謝你的分享，有時我們對創傷的解釋很有限，我們將創傷界定為發生在戰爭或車禍中的事，或因為性侵、性騷擾、毆打而發生的事，但會造成創傷的事不僅是上述這些。事實上，我想在網路研討會上，重要的是讓身為護士與醫師的人去思考，能否在面對比方說有心肌梗塞、剛聽到診斷結果或即將進行手術的人時，多斟酌一下，思考一下他們的感受。

我們需要與他人產生連結——人類的生物命令

波吉斯博士：

我們的人生經驗多半與未知數有關，而那屬於未與他人連結的部分。我已經開始運用其他人在生物學運用的詞彙——對我來說那是新詞，我指的是生物命令，**人類主要的生物命令是什麼？是與其他人類產生連結。**

我們要進行手術或其他醫療程序時，會忘記自己不是車子之類的機器，主導治療的人也不是醫學界的修車黑手。我們不是有待替換或修理零件的車子——人類器官並不等同於汽車零件，我們不是機器，我們是活生生進行動態互動的生物體系，我們觸摸事物時，也是在觸碰自己內在的一切，我們也觸摸與自己互動的人。醫學界中的醫師必須與他們治療的人有更多連結才行。

就我們所見，醫學界已經愈來愈傾向照表操課，治療的彈性不高，也沒有特別思考病患的個別情況。甚至在精神醫學界也是如此，我們會先建立病歷，你來到醫師的診間，醫師半轉過身，看著電腦螢幕而非病患，醫師的注意力是放在電腦螢幕上，他開始打字，而非以尊重病患安全感需求的面對面互動，來令病患放心。

至於我的情況，我很感激北卡羅萊納州立大學的醫療體系給我的治療，那裡的人都很好，很投入，我覺得自己和那個社群有很好的連結。當我住在有良好醫療服務的芝加哥時，並不覺得接受治療的自己獲得了那個社群的接納，當時的感覺很疏離，讓我覺得自己只是在「進出」醫療設施，被有效地非人格化。

我在芝加哥仍有朋友，他們是教授、醫師、生意人，他們進行醫療程序時都是隻身一人，進行療程前，他們可能既未遇見、也沒有與看診或動手術的醫師說話。置身在較小的社群中很好——可以先與治療我的人會面，是一件很好的事。

自主性的感覺安全——創傷與依附的關係

布：

我們來多討論一下互動和連結，這個議題很重要。多重迷走神經論也討論創傷與依附的關係嗎？

波吉斯博士：

是的。如果創傷破壞了感受他人可安全靠近的能力，那就毀損了依附賴以建立的基礎。我想應該這樣說明：**如果某人的依附底下的發展基礎良好，那麼他就有了面對創傷的緩衝器。**

我不知道是否有人對此做過研究，但你會覺得人生是有模式可循的。我們看得出自小認識的人未來將有何發展，其中有些人雖已失聯，但我們看得出他們的人生模式，我們在五、六十年後見到他們時會驚奇地發現，他們仍會使用小時候使用的策略，無論他們是否從自己過去的行為獲得啟發，或他們有沒有能力重建或重組他們的行為策略。

我開始看出並認為，我們真正需要做的，是多去認識可能發生在我們身上的破壞性事件——**不是去生氣或責怪，而是去理解自己的身體用來適應與存活的策略，才能真正評估那些策略好不好。**

這些都會回歸到可稱為個人敘事的東西，我們是運用那個敘事來修正行為，變得更有同情心、更有愛心、成為更有建樹的人類？還是變得更有壓力、更緊張、更有攻擊性、更以自己為中心？在某個時刻，那成為我們的選擇——我們如果對此有更多認識，就能發展出策略來使自己感覺更安全。

布：

但我們未必是有意識地決定培養安全感。

波吉斯博士：

你點出了極重要的一點，因為改變自己的行為並不是自主的，雖然發展出必要的工具或神經回路來變得更有彈性、感覺更安全，是一種自主的決定。

> 緩慢地深深呼氣，可以刺激迷走神經去抑制交感神經系統，進而使人平靜下來。

我們來琢磨這個概念。假設我們總是被事情追著跑，我們是要申請補助、寫文章的教授，沒時間和別人交談，因為我們急著獲得下一份補助，這時我們心臟病發了——一點也不令人驚訝！然後事情發生了：我們開始理解到，自己的腦部和身體之間是有神經連結的。我們深入了解自律神經系統如何調節內臟後，意會到自己往往使用了不當策略，關掉了來自身體的回饋。

如果我們多加思考，就會明白這限制了自己的人生經驗。我們能復原嗎？我們能重建某些神經回路，使生命更豐富、社交生活更活潑嗎？這確實觸及了創傷治療或創傷療法的概念，而答案是，確實有某些策略可運用。

如果我們不看來龍去脈，單純從神經生物學的角度來看，就會說：「如果較新的社會參與系統及有髓鞘迷走神經能發揮作用，調降我時時想戰鬥、防禦、發火的天生傾向就好了。我開始理解到，是這些防禦行為的適應功能使我不陷入關閉反應，因為過去我曾有關閉的經驗。」

在某種意義上，我們創造出了一整個層級的反應。假設我有過關閉經驗好了，我小時候曾被拘禁、被虐待，在那段經驗後，我的適應行為是要保持活動，因為只要保持活動，就不會陷入關閉狀態。但我保持在活動狀態時，就無法與他人建立關係，我無法享受、無法建立關係，但我確實想與他人建立關係。

如今我們理解關閉或調降主動防禦系統的生物學了，一切都是關於社會參與系統，關於有髓鞘迷走神經。我們可以做一些非常簡單但效果深遠的練習，例如呼吸，學習不同呼吸模式是有幫助的，因為緩慢地深深呼氣，可以刺激迷走神經去抑制交感神經系統，進而使我們平靜下來。

如果我們一面深深呼氣一面出聲，那就是唱歌；管樂器是怎麼演奏的？要緩慢地呼氣；要如何長篇大論不中斷？要在發聲時緩慢呼氣。**我們可以透過社交行為、演奏樂器、甚至聆聽音樂，來有效率地轉換生理，**這些行為能透過神經回饋回路，改善我們聆聽（運用中耳肌）、表達正面感受（透過臉部表情與聲音的抑揚頓挫）的能力，進而改變迷走神經對心臟的調節功能，影響整個社會參與系統。

回歸平靜的練習——唱歌與聆聽

布：

我知道唱歌是一種緩慢的呼氣，但聆聽也是一種緩慢的呼氣嗎？怎麼說？

波吉斯博士：

聆聽是很特別的活動，聆聽是觸發整個社會參與系統的入口。還記得你是如何與家裡的小狗或孩子或朋友說話的吧？如果你用富於抑揚頓挫的聲調說話，這些起落有致的聲音會觸發神經系統產生安全的神經覺。我們可以透過呼吸來改變生理狀態，但透過聆聽也是可行的。

我們討論過某些類型的音樂，確實有某些類型的音樂會觸發安全感。我記得在前一次的網路研討會中，我們談到強尼・馬賽斯（見第一章），最近我看了一段談哈利・尼爾森（Harry Nilsson）的紀錄影片，他有優美的男高音。他不是最能給人安全感的人，但他的歌聲真的很優美、富於旋律，他寫的歌也帶有並創造了放鬆的情緒，那是因為神經系統的演化會將那類高低起伏的聲調偵測為安全信號。

發聲能做為安全的信號，知道這點的重要性後，我們就能創造出環境來使人感覺更安全。這種安全感就是治療——是一種神經練習。

布：

你剛說的那點真的很重要：**安全感就是治療**。那也許能成為你組織思維的方式，無論你的專業是哪個領域，無論你是心理健康工作者還是幫助重症患者的醫師，都能從中獲益。

波吉斯博士：

那是一個有力的概念。我的演講使用的幻燈片說，神經系統詮釋或界定的安全，十分不同於法律或文化標準詮釋或界定的安全，舉例來說，讓老師帶槍、甚至讓校長帶槍，從法律的角度來看可能是讓學校安全的做法，但那確實會創造出神經系統不樂意經歷的情境。身體會偵測安全的特徵與危險的特徵，我們必須了解這點。此外也要記得，在我們置身的文化中，人們說：「我說什麼比我怎麼說重要。」但神經系統告訴我們的卻非如此：「重要的不是你說了什麼——而是你怎麼說。」

布：

回到音樂的整個概念：執業醫療人員——這裡我想到的是心理健康方面的醫療人員，要如何將音樂融入對創傷病患的治療中？

波吉斯博士：

我們得先思考要從環境中去除什麼聲音，再來討論如何使用音樂。

低頻聲對神經覺來說是強烈的危險與生命威脅信號，我們不希望神經系統對危險與生命威脅變得過度警覺。首先，我們要讓臨床診間、診療室變得安靜。我們不希望有電梯、通風設備或交通的低頻率聲響。我們不希望這些地方靠近電梯、嘈雜的走廊或休息室，我們希望這些地方安靜，是因為神經系統偵測到低頻聲時，會以為有厄運臨頭，彷彿有不好的事會發生。

古典交響樂作曲家深知這些線索，他們以搖籃曲——小提琴、母親的聲音——來構成交響曲的第一樂章，來讓觀眾放鬆，一旦觀眾對旋律的展開感到安全後，作曲家才讓旋律進入樂音低沉的樂器，直到聽眾覺得那些聲音聽起來安全為止。

在許多樂曲中，第一樂章帶來的是舒緩、安全的體驗，那種旋律瀰漫在樂團的整個音域中，然而，到了第二樂章，體驗往往就十分不同了，第二樂章通常帶有厄運臨頭的聽覺信號——低頻率的單音。古典作曲家了解聽覺刺激會深深影響身體狀態與感受，而我們的生理會予以測量，它們會隨著音樂創造出自己的場景

——自己的敘事。臨床醫師也能培養出這種直覺，去除低頻聲（因為低頻聲會向患者傳達厄運臨頭的信號），**然後讓患者聆聽人聲，尤其是女聲，以協助他放鬆並刺激其社會參與系統。**

某些頻率範圍下的聽覺刺激是十分撫慰、舒緩人心的，你還記得六〇年代的音樂嗎？當時有民俗音樂，那類音樂的旋律性都出奇地強。近年去世的皮特・西格（Pete Seeger）是以歌聲促使社會改變的運動先鋒，他的歌曲都很重要而嚴肅，然而，編成歡樂輕快的旋律後，就變得朗朗上口了，人們聽歌時會感覺良好。整個民歌傳統就是以這種不把人嚇跑的方式來傳達重要訊息。

臨床環境也可以使用音樂。對臨床醫師來說，最重要的是擺脫低頻聲，使用富於抑揚頓挫的聲音，如果患者移開目光或別開頭，不要強迫他們進行眼神接觸，他們已經很害怕；如果他們移開目光，恐怕就是感到恐懼，**在恐懼的狀態下，人們會對目光直視感到不自在**，不過一旦感覺自在，他們就會自動迎向你的目光了。

布：

如果你是一位臨床醫師，而你無法掌控上述因素，例如建築物的通風設備、診間離大馬路多近等……那你有何建議？

波吉斯博士：

我會建議他另尋一間辦公室，那是我的第一選項。

布：

但你有可能是在醫院上班或……

波吉斯博士：

我認為對於我們提供服務的空間特性為何，我們思考得不夠多。診間本身也是有治療後果的，如果看診時，診間的聽覺刺激對醫師本身的神經系統造成深入而明確的影響，那就會干擾我們提供服務的能力。

有時候，臨床醫師為了遮蔽那類聲響，會使用白噪音產生器，但效果往往不甚理想，反而滋生了更多神經系統得去處理的背景資訊。在那種環境下，人們可能會變得躁動不安，但在安靜的環境中，他們或許就能夠平靜下來。

我曾和建築師們討論過幾次，甚至在幾場建築大會上發言過，那些會議是關於如何為受傷軍人設計出有療效而不僅聚焦於美感的空間。建築師通常較關心外觀，在醫療環境中，他們關心的是整潔與監測病患的能力；如果你要設計一間醫院，你會希望擁有監測病患健康的能力，並確保空間乾淨整潔，然而，我沒有那麼關心空間的監視與美感方面，我關心的是那個空間會如何吸收聲音、給身體何種感受。

因此，要回答如何改善空間的問題——大多數診間都有牆壁、樓層，由堅硬的表面構成，**聲音會從這些表面彈回，往往造成嘈雜的工作環境，這些表面可以用壁飾、地毯來改善，兩者都能吸收聲音，讓診間產生安全與自在感**。這些選項對有些臨床醫師來說或許是不錯的投資。

刺激性的互動——活化社會參與系統的練習

布：

對於一些要與某些傳統療法纏鬥的人，有沒有其他方法能活化社會參與系統，但不用面對面接觸？

波吉斯博士：

有的，這是個非常好的問題，我思考這件事已有多年，那也是為什麼我會發展出運用聽覺刺激的概念。我不喜歡侵入性的治療——那是我的偏見，我對個體有很深的尊重，我希望讓個人自動與人互動，如果他們肯自動與人互動，我就能好好做出回應。

理論上，我相信你來我往的性質與互動，我的概念是，你來我往的互動是一種神經練習。如果有人不互動，你可以用富於抑揚頓挫的人聲來刺激他自願互動；聲樂也是富於抑揚頓挫的人聲，聆聽聲樂也有幫助。

舉個例子來說明。我一個朋友是臨床醫師，她要在一場會議上介紹我，有幾百個人登記要參加那場會議。我一向認為她充滿精力，但不知道她對公開講話有嚴重的焦慮，她在前一晚的派對上告訴我，她對於要在一大群聽眾前介紹我焦慮得不得了。在派對上喝一兩杯酒就能使人打開話匣子，也是很有趣的事，我要她別擔心：「我來搞定。」

隔天早上八點五十分——演講預定在九點開始，她對我說：「史蒂夫，你來搞定吧！」我觀察她如何講

相對於緩緩呼氣讓自己平靜下來，呼氣短促的呼吸策略令人更加焦慮。

話：她講話的句子很短，且每講完一句就要喘氣。我們都見過這樣講話的人，他們講話時喘不過氣來，那種說話方式傳達出焦慮的情緒。相對於緩緩呼氣，讓自己平靜下來，呼氣短促的呼吸策略令她更加焦慮。

我告訴她：「拉長講句子的時間。在句子裡加進更多字，然後再呼吸。」一開始她做不到，她無法多加任何一個字，接著她多加了一個字，又多加了一個字，然後她就能一口氣說完長句了。她開始以更投入的方式說話，最後完成了很棒、很引人入勝的介紹，她的聲音傳遞出與觀眾的連結。她曾恐懼上臺講話，但現在她已經能用這種方式來治療有社交焦慮的人了。

一旦我們知道特定的生理原則，就懂得如何安撫病患——說話時拉長呼氣的時間，就是使人平靜下來的生理原則。在神經生理學上，**迷走神經在呼氣時對心臟的安撫效果較佳**。但緩慢呼氣還有另一個社交溝通的效果：隨著迷走神經對心臟的調節提升，它對咽喉的影響也會增強，聲音會變得富於旋律性，向他人傳達出安全的信號。現在她已經能在平靜的狀態下，以富於抑揚頓挫的聲音對著九百人演講了。

這個例子為我們呈現出了一個簡單的治療策略，儘管病患在社交溝通上有困難，但如果你能觸發支持著社交溝通與平靜的生理狀態，那麼各種社交行為就會自動從這種神經框架出現。不同於傳統的臨床策略，你不需要特地訓練或控制社交行為。

布：

你確切知道她是以哪些方式來治療有社交焦慮的病患嗎？她如何轉化或運用自己的經驗來進行治療？

波吉斯博士：

基本上，她教病患在講話時將呼吸的時間延長——讓他們在不再焦慮的生理狀態下，做出以往令自己焦慮的行為。再次說明，如果你開始拉長句子的字數，進而延長每次呼吸之間的間隔，你的生理就會平靜下來，那麼公開講話就不再是引發焦慮的事件了——你會在平靜的生理狀態下上臺講話。有另一個社會參與部分會在這段過程中改變：你的聲音改變了，不再是捏著嗓子的刺耳聲音，變成了富於抑揚頓挫、聽來悅耳的聲音。

布：

要達到上述效果，就要大聲演練。但能否以無聲的方式進行？

波吉斯博士：

我年輕時曾是音樂家，吹單簧管。我認為觀想很有助益，你不用實際做出那個行為。我可以不用實地吹奏樂器來練習或預習，如果我要開音樂會，必須獨奏，我會先在腦海裡觀想並演奏音樂；很多事都可以先觀想，再融入實際行為。

布：

就社交焦慮的狀況而言，我在想，假如人們很驚慌，腦袋一片空白，想不出說什麼才好，那意味著他們無法延長自己的句子，因為他們根本想不出要說什麼。那可以教他們數數兒嗎？可以說：「在下次呼吸前數數兒，數愈多愈好。」

波吉斯博士：

那樣一來，你只會喘氣。你會進入自己剛才描述的那種生理狀態。

如果你循著那條思路走，可能會令人們進入難以支持他們想做的事或招致反效果的生理狀態。如果你讓他們緩慢地呼氣，並去數自己呼氣的時間，他們才有可能變得投入，然而像這樣喘氣，只會令腦部停擺——但他們應該要改變自己的生理狀態才對。

這裡的模型很簡單：當關掉迷走神經的掌控系統，讓交感神經的主動反應出現時，難題就來了，你準備做的是戰鬥／逃跑，而非社會參與。

我給你另一個例子。有一次我在談論同情的大會上發言，站在幾百個人面前，但他們關掉了屋裡的燈。我開始說話，但不看著人們的臉說話就有如落入深淵，得不到任何回饋，讓人感覺失去連結，而這多少有點矛盾，因為大會主題是同情。於是我請他們將屋裡的燈打開，我的說法是：「除非看著人們的臉，不然感覺我的演講沒有獲得回饋。」

我真正要說的是，人們互動時感覺到恐懼，有一部分是因為從互動中沒有獲得回饋——而可以獲得的回饋其實不少。

我猜我們可以將上述論點綜合起來談曾遭遇創傷的人，討論他們為何再也無法透過與別人互動來調節生理狀態。焦慮的人無法以和他人互動來改善他們對自己的感覺，**這並不是認知的問題**，他們對自己的感覺沒有改善是因為，他們使用的策略、說話的方式、呼吸的方式，在在支持著戰鬥／逃跑行為，他們並未獲得你來我往互動的好處，而這種互動是要運用社會參與系統的。

在人際互動中變得健康——創傷治療的未來

布：
史蒂芬，你認為創傷治療的領域會朝哪個方向邁進？你會投射或期待什麼最令人興奮的部分？五年後我們會身處何方？

波吉斯博士：
創傷治療顯然會朝更注重身體的方向邁進，你從所有與你互動的臨床醫師身上也可看見這點。

我站在很有趣的十字路口，因為我不是臨床醫師，而是試著解釋臨床醫師做了哪些事的科學家，這讓我得以進入多種創傷治療模型中探索，包括彼得．列文（Peter Levine）開發的身體經驗創傷療法（Somatic

Experiencing)、帕特・奧頓(Pat Ogden)開發的感覺動作心理治療(Sensorimotor Psychotherapy),以及貝塞爾・范德寇(Bessel van der Kolk)的工作。這幾位臨床醫師都發現多重迷走神經論足以說明、並為其研究提出神經生物學的解釋。

多重迷走神經論為身體與腦部、身體與心理過程,提供了神經生物上的連結。我們正逐漸將創傷理解為一種適應反應,它可能只有一開始具適應力,但後來卻卡住了,並發生在不適當的情境中。所有治療模型似乎都會去改變關閉的閾值,讓病患變得更有社會參與性。成功的療法似乎會聚焦於**轉變生理狀態**。

所有這一切的根源——這正是多重迷走神經論前往的方向——都是為了理解我們與他人的關係如何促進生理狀態的共同調節。

我的研究聚焦的概念是,透過共同調節達到的安全是人類的生物命令,如果沒有與另一個適當的哺乳類互動,我們無法存活;創傷治療也可能用在狗、馬與其他哺乳類身上。而問題是,我們要如何讓神經系統自動與另一方互動?我們需要這種參與互動來變得健康。

未來以藥品治療創傷的情形會大幅減少,也許日後我們會聚焦於創傷的急性反應。改變對藥物的依賴很難,因為醫療界是極偏重藥物的,精神科醫師所受的訓練,基本上是要成為應用精神藥物專家,他們相信,藥物能鎖定他們所治療的障礙——就算他們其實不了解藥物如何影響神經回饋圈、影響體內諸多系統。

我想未來我們必須在慢性治療上脫離藥物,但藥物仍能用來進行急性或緊急治療。我們必須更尊重、更了解完整的神經回饋圈;這些回饋圈不僅涉及身—腦關係,也涉及人際互動下的身腦調節。

布：

我們思考創傷治療時會談到信任，而多重迷走神經論有一大部分與協助人們感覺更安全有關。我在想，你的工作是否有助於婚姻與家庭治療師、甚至婚姻諮商師的工作。

波吉斯博士：

這個問題很有趣。最近我在艾瑞克森基金會（Erickson Foundation）舉辦的婚姻諮商大會中演講，我很驚訝自己竟會獲邀。下週我還會出席美國團體心理治療學會（American Group Psychotherapy Association）的主題式全員大會。這些對我來說都是新管道。

布：

我在想的是，比方說，伴侶的其中一方在某些方面嚴重受傷，因此遭遇壓力情境時以退縮的方式來反應，而另一方則因此感到愈發焦慮——這是常見的典型例子。

我們要如何教導後者以行為協助調降前者的反應？

波吉斯博士：

是的，這確實很難，我是以身為人夫、人父與導師的身分這麼說。在受到觸發或接收到信號時調整自己的行為，其實異常困難，如果你身處其中，你就很難進行客觀觀察，因此伴侶互動會變得難上加難。我的同事史坦利・塔金（Stanley Tatkin）對錄影並監測婚姻諮商期間的生理變化很有興趣，他認為，理解兩人的自律神經反應，同時觀察兩方的行為，有助於這對伴侶了解各自的反應，甚至神經覺的偏見如何變化。

藉由監測生理，我們會看見生理狀態在一個人身上的動態變化。今日我們仍受限於認知—行為的世界觀，並不是非常尊重生理扭曲時發生的事。若我們去監測婚姻諮商期間兩方的生理，可能會看見其中一方被某句評語觸發，她的心率與血壓迅速提升，身體想破窗而出。她的伴侶或許想告訴她：「冷靜下來，坐下來，別擔心。」但在那種生理狀態下，她可能無法以理性處理要她冷靜下來的建議——她的神經覺可能會有偏見，認為所有建議都是有害、要攻擊她的。

建議採取主動防禦的人冷靜下來，其實並未尊重生理狀態對那個人的行為所加諸的限制。我們會看見這類場面，是因為誤解了我們的生理對自身與伴侶的行為造成的影響。

布：

真的很有意思。你剛才分享的概念，甚至是關於社交焦慮及其治療的概念，都十分重要。

第五章
展望創傷治療的未來

史蒂芬·W·波哲斯 & 蘿倫·卡普（Lauren Culp）

創傷治療界已逐漸能不把所有適應性防禦反應歸類成戰鬥／逃跑反應，而能對原始防禦系統表示敬意了。一旦對關閉的適應功能表示敬意，治療就必須傳達這個重要問題：要如何將患者從防禦狀態中拉出來，移到能與他人互動並感覺安全的狀態？

揭開創傷反應的面紗──創傷治療將面臨的改變

卡普（以下簡稱卡）：

你認為在接下來五年內，創傷治療的領域出現什麼變化？

波吉斯博士：

創傷為傳統治療模型帶來了問題。傳統治療模型假設，精神障礙大多有共通的神經生物受質，與調節壓力升高、戰鬥／逃跑行為、交感神經活性的機制有關。上述概念都與過度激發（hyperarousal）狀態造成非典型的行為調節有關。

然而，臨床醫師評估創傷倖存者後便會知道，其創傷的神經生物表現，並不總是沿著所謂戰鬥／逃跑反應的那種高度主動的防禦性發展，反而往往與非主動反應一脈相承。這些病患體驗到的不是過度激發與主動行為的增加，而是類似行為上的完全關閉，加上失望、甚至解離特徵的主觀經驗，反映出一種想從現場逃離的動機。

這些行為與心理症狀和古典的防禦、壓力模型格格不入，甚至也不符合焦慮與憂鬱的臨床診斷。這類創傷倖存者與時下診斷和理論觀點的不相容，為多重迷走神經論的發展提供了契機，它有助於我們理解創傷引起的生物行為反應。

我發展這套理論是為了解釋哺乳類在生命受威脅的極端情境下，會採用的另一種基本防禦系統——關閉與非主動的系統。

靜止不動讓哺乳類不會被獵食動物察覺，而這個策略的副產品是，牠的心率會降低到足以觸發昏厥反應的程度，使其喪失意識，在人類身上則可能造成解離狀態。這種防禦系統有可能為不同物種的哺乳類帶來安全的結果。

過去我並未把這種防禦策略當成創傷反應來思考，我以為它是退化到較原始的、哺乳類與爬蟲類都有的適應反應——爬蟲類以其為主要的防禦系統。但我開始討論多重迷走神經論的模型與理論後，創傷治療界對它所提及的非主動防禦興致勃勃。

如果有哪一群專業人士直覺理解並看出了如何在臨床上運用這個理論，那就是治療創傷的臨床醫師，對創傷治療界而言，多重迷走神經論為創傷倖存者呈現的種種症狀提出了更多理解。

我與臨床醫師及嚴重創傷的倖存者進行過很有意思的討論，這些討論啟發了我的研究。我得知嚴重創傷的倖存者經常體驗到傳統臨床理論解釋不來的狀態，許多創傷倖存者覺得他們接受的治療，反而讓他們成了受害者；他們無法理解自己為何體驗到那些症狀，臨床解釋無法使他們安心地認為自己正逐漸康復，許多人甚至覺得自己瘋了，無法理解自己的感受與創傷所帶來的心理後果。

根據我從臨床醫師與遭遇嚴重創傷者身上獲得的所知，我開始在演講與工作坊中塞入關於創傷倖存者的陳述，描述他們如何學習去慶幸自己的身體成功操控並協調了那些危險異常的生命威脅。根本來說，我想在他們的個人敘事中融入對神經系統不由自主反應的敬意，正是這種不由自主的反應使他們進入能活下來的生理狀態。

然而，他們面對生命威脅時的反應雖然使他們進入了可以活下來的狀態，卻也製造出了新問題，這個問題就是，當初拯救了他們的狀態，如今卻成為他們很難輕易脫離的狀態；一旦處在關閉的狀態下，他們就很難恢復行為狀態的彈性。

上述的局限在倖存者面對社交互動時變得格外鮮明，在這類情境下，倖存者無法再進行創傷前體驗到的那種自在的社交互動。只要他們了解，正是過去那種拯救了他們的狀態，限制著他們現在社交與感覺良好的能力，他們就仍能慶幸自己身體的成就。

我和臨床醫師討論時通常會問他們：「如果你不要求病患多去社交和互動，反而說『我們來花幾分鐘慶賀身體的舉動』的話，會發生什麼事？」當我在演講中做出上述提議後，我開始收到臨床醫師的電子郵件，信中談到揭開創傷反應的神祕面紗如何帶來療癒。他們告訴我，對自身無法理解的身體反應不再恐懼後，有些病患便逐漸復原，或至少症狀改善了。

因此就我所見，簡單來說，創傷治療界已逐漸能不把所有適應性防禦反應歸類成戰鬥／逃跑反應，而能對原始防禦系統表示敬意了，他們認為它出奇成功地讓我們脫離了傷害與痛苦。一旦對關閉的適應功能表示敬意，治療就必須傳達這個重要問題：你要如何將患者從防禦狀態中拉出來，移到能與他人互動並感覺安全的狀態？

卡：

我有一個親近的家族成員，曾在睡夢中經歷到有人闖入家裡的創傷，病因此罹患了創傷後壓力症候群。在與專家們一同探索對那段經驗的認知理解之外，我也以按摩治療師的經驗，運用觸摸來使他恢復與人的關係。你對用觸摸進行治療有何看法？

波吉斯博士：

大致上，人們體驗到創傷時，可能不容易接受他人或接受被觸摸。身為臨床醫師，你對患者的弱點要很敏感，要去發掘與他互動的機會，此外，患者對你的互動行為有何反應，你也要很敏感。我建議治療師要敏感一點，多去偵測患者在療程中是否發出失去彈性的信號，一旦發生這種情況，治療師必須後退，而非給患者壓力——壓力是過去某些治療模型的一環。

身體反應的重要性——尊重神經系統的適應性行為

卡：

我聽到你說，要時時留意創傷患者發出的信號，並尊重個人的獨特經驗，這點很重要。

身為一名臨床醫師，我也試圖找出能位患者帶來力量的領域，讓人們自行發現工具，協助自己重組過去的經驗。

波吉斯博士：

就創傷來說，治療的重點不是事件，對事件的反應才是關鍵。為了提醒自己，我要以下面的句子來表達：「每個人有每個人的地獄。」對我而言，這意味著我對創傷事件的評判與患者無關，**患者的反應才是判定結果如何的關鍵**，因此，我們以為相對良性的情境，另一個人的神經系統卻可能視之為生死關頭。當然，你家裡遭人入侵時，或許有人會說：「幸好你還活著，也沒受傷，所以有什麼好擔心的？」做出這類陳述的人，對受害者面對那種侵害事件的身體反應不夠敏感。

關鍵點在於，神經系統有時會根據自主行為，做出我們希望它做出的行為，有時則會為了拯救我們，而在功能上違背我們的意圖，無論如何，我們都必須予以尊重。

我來描述一下自己的親身經歷，說明這類違反自身意圖的身體反應。幾年前，我為了做心臟檢查而進行輸液，由於輸液導管從手臂上滑掉，我告訴了操作輸液的人，他拉了拉輸液導管，確定有沒有妥善插好，然而，他移開導管時，觸發了與血壓調節有關的傳入路徑，我昏了過去。

他的解釋是，我是因為害怕而昏厥，但事情和恐懼一點關係也沒有，問題是出在他的舉動觸發了某些感覺受器。醫學界對這類行為後果的詮釋，就和他們對創傷倖存者的症狀做的詮釋一樣，他們將這解釋成一種心理後果——無論昏厥這類行為是否為生理反射。然而，重點是我們也不該將影響腦部和意識的一切，當成由下而上發生的模型。我們確實有由上而下的回路，讓我們能運用認知功能來重組並協助自身運作——儘管我們可能曾在正常的發展軌道上經歷過某種創傷或破壞。

身為一個物種，我們有幸發展出很大的腦，可以用來接收資訊，變成和我們的父母、老師、治療師一樣的人。我們接收新資訊時，也會修正自己的行為與思想，這種行為與認知上的彈性，使我們更有恢復力、彈性、適應力，但如果我們一直受幼年時期的不足所限制，將早期傷害與創傷視為導致失敗的命定影響，那就不是這麼回事了。有一顆發展良好的腦——一顆很大的腦——讓我們能去談由上而下的機制，這與我早先談的由下而上的機制不同，在由下而上的機制中，腦部的行為與決策都服從於**身體的狀態變化**。

我們的腦可以重組身體的感覺。我們可以重新詮釋，從不同角度來看待事物，我們可以將失望與憤怒轉變成較有敬意的理解：那些辜負我們的人，只是想去適應非常艱難的環境罷了。許多人放不下過去，往往將眼前的多數問題歸咎於不當教養的早年經驗，他們忘記了父母也曾是孩子，他們也可能經歷過不當教養與創傷。責怪父母的人往往也忘記了自己正為人父母，他們如今也創造出跨世代的病理，因為他們對子女也欠缺教養。擁有很大的腦讓我們能理解，許多過去造成傷害的特性，可能是某些無辜的適應行為刺激引發的。

我們對社交互動的破壞都極為敏感。舉例來說，如果我們參與對話時，對方在還未結束社交互動時就直接走掉，那我們會產生強烈的體內反應。發生這樣的事時，身體會大喊著事情不妙了，這是我們不能容忍的情境——違背了社交互動的期待。

我從未聽過有人說：「哇，這真的很奇怪，我何必這麼生氣呢？」即使是再有素養的科學家與臨床醫師，也不會將這類行為解釋成對方是因為生理狀態改變，才表現出自閉症般的行為，他們反而會認為「直接走掉」這種不顧他人感受的行為是有動機的，比方說，我們或許會認為那個人不喜歡我們，不重視我們，或我們不夠重要。我們會開始談論、建立合理模型，歸納出那個行為的動機，但我們絕不會退一步想：也許他是試著要去適應非常複雜的社會環境，他沒有能支持社交行為的神經資源。

我覺得這點極為重要——我們既有由下而上的策略，也有由上而下的策略。在由下而上的策略中，身體會凌駕腦部，傳達要做出調整來因應壓力及危險的感受，從而影響我們感知世界的能力。但我們也有由上而下的策略，可以令我們處於安全的環境中，接著我們就能開始將上述知識用來解構傷害我們的事，揭開那些事的神祕面紗。

卡：

我在臨床生涯中治療過許多大孩子，這些成人的疾病形形色色，從注意力缺失症到亞斯柏格症候群都有。有了這層認識後，他們就能為自己目前的經驗與理解帶來轉變了。

波吉斯博士：

沒錯！我能述說自己過去的故事時，就不再是孩子了，而是成人。這是非常有趣而值得一試的方法，對我這一代的人來說十分關鍵。我這一代的人，父母都經歷過世界大戰、經濟蕭條，還有我們想都沒想過會在今日文化中發生的事，我們除了說「好歹他們都活下來了」，當然還要多去理解，他們並不是在安全與安穩感中活下來的。

卡：

我很好奇你的研究如何討論學校與自閉症領域。

波吉斯博士：

我曾參與芝加哥復活節標記基金會（Easter Seals Foundation）成立的一間自閉症學校大樓的設計，這間學校必須有幾項特徵，其中一項重要特徵是，教室要很安靜。

我們著力於降低背景噪音，提供大量不刺眼的環境光，窗戶離地一．五公尺，且不提供會令人分心的視覺刺激；教室以間接光線照明，以避免強光；此外還有極佳的減聲設計，使用會吸音的天花板與地毯。這麼做是因為許多有自閉症的人極為敏感，對聲音與光線的反應閾值很低。他們連瞳孔反射也較差——瞳孔偏大，不會在光線增加時迅速縮小。基本上，許多自閉症兒童是長期處在主動的生理狀態下，在這種狀態下，他們的瞳孔會較大，中耳肌運作不良；瞳孔放大時，對光線會超級敏感，中耳肌運作不良時，對聲音會極為敏感。我們將他們的生理狀態對光線與聲音敏感這點，融入了大樓的設計中。

接著，我們試著改變學校文化，這實在是很有意思的議題。在大多數學校體系中，自閉症是由特殊教育專業人士來治療，輔以如說話與語言療法、職能治療、物理治療等其他學科，但基本上是由特教老師為自閉症與其他發展障礙的兒童提供教育服務，但大體而言，特教策略並不是專門為自閉症設計，而是為學習遲緩者設計的，這類兒童對光與聲音不會過度敏感，也沒有狀態調節的問題。

將特教模式硬加在容易產生行為反應的族群身上，會帶來一大問題，因為特教模式認為行為是自主的，不是生理狀態下，不由自主的突發特質。

我想將新方法帶進教育機制，改善自閉症兒童的情緒、行為、認知有效性，這些方法不同於著重行為改變與接觸傳統學科的特教策略，是透過神經練習來改善生物行為狀態的調節。

首先，我想運用聽音計畫療程（見第一、二章），我們在實驗室成功運用過這種方法。聽音計畫療程使用電腦變造的音樂，作用是降低聽覺超敏反應，使行為與生理平靜下來。這種介入手法有助於孩童進入社會參與行為會主動出現的生理狀態。其次，我想使用生物回饋程序，運用呼吸策略來緩和並改善心率調節。心率調節改善後，孩童便能獲得資源來安撫自己，並調降生理狀態的轉變（顯現為鬧脾氣、對立行為等大鬧課堂的行為）。

兩種方法如果成功，都是根據這個假設：如果孩童能平靜下來，不那麼容易起反應、變得處處防禦，那教育環境中的人際互動便能改變，使孩童變得較能進行學習與社交行為。

聽覺超敏是自閉症治療的一個重要問題，約有六成的自閉症患者有聽覺超敏的問題，這個數字還可能是低估，因為父母往往以為，只要孩子沒有將手指塞進耳朵，就代表他們沒有聽覺超敏的問題。

有一次我問一個父親，他的孩子是否有聽覺超敏反應，他回應說兒子以前會，但現在已經不再有這毛病了。我很好奇，就問他是如何解決的，他告訴我他教兒子不要把手指塞進耳朵。功能上，那位父親是在訓練兒子不要採用那種行為，而那其實是一扇觀察的窗口，讓我們能看見他對聽覺刺激的痛苦反應做出適應回應，沒有那種行為，父母就再也無法得知孩子不適與痛苦的感受了。

雖然有聽覺超敏反應的孩子會把手指塞進耳朵，以這種適應性調整來因應嘈雜的刺激，但那種行為對父母師長來說是不當的。父母師長認為將手指塞進耳朵表示孩子不想聽他們講話，他們不認為那些聲音對孩子來說不堪負荷——因為他們自己不覺得不堪負荷。

再次重申，這是**尊重他人生理狀態、尊重他人的感官世界或許與你不同的問題，這種對他人感官世界的尊重，在醫學與教育社群中似乎少得可憐。如果我們的文化能尊重神經反應的個體差異，那發展軌道就能因此改善**，我們研究的目標就在此。

對各社群來說，一個重要課題是，從某方面來說，學校是把有障礙的兒童統統放進同一個地方管理。儘管學區秉持著善意，花了不少錢來治療與教育自閉症與其他發展障礙的兒童，但這類治療模式往往無法使兒童培養出充分的技能與能力來融入社會，這類有限的結果並不表示自閉症兒童的治療結果總是很差，只是大體而言，其教育經驗對兒童與其家庭及教育者來說，都是壓力重重的。

我想創造出一個不僅是科學啟發實務、也由實務啟發科學的環境，在這個例子中，實務告訴我們，自閉症兒童的教育經驗對他們的神經生理是很有壓力的。

學術界、科學家、臨床醫師對自閉症都各有一套獨特觀點，然而，這些專家多少忽略了，自閉症的各種相關症狀有可能破壞全家人的生活。舉例來說，聽覺超敏會造成家庭問題，限制了有聽覺超敏反應的兒童能處在哪些地方，也會影響家裡的日常活動，它會對許多這類家庭造成不良影響，不過這並非研究自閉症的科學家想研究的領域。他們不想研究這問題，有一部分是因為出資的機構不想支持這個領域的研究，而這些出資機構不支持這方面的研究，則是因為那不是自閉症特有的現象。出資機構的目光是擺在自閉症的神經生物標記或基因標記上，但他們找不到這類自閉症標記的，因為診斷結果是根據諸多不同的行為與生物神經特徵做出的。

聽覺超敏反應在受創傷的人身上也看得到。那可能是幾種精神障礙的常見臨床核心問題，因為**當生理狀態處於防禦模式，社會參與系統的神經調節會衰退，從而導致聽覺超敏，並造成許多臨床障礙中可見的平板臉部表情。**

自閉症研究的另一個問題是，幾乎所有研究都是在研究室環境中進行的。診斷是在哪裡做的？是在診所做的。診所環境類似實驗室，有可能觸發防禦行為，進而限制了自閉症患者的有效行為範圍。在診所或實驗室，你無從得知從自閉症患者與無自閉症者身上觀察到的差異，哪些是對環境做出的防禦反應，哪些才真的是個人特徵。

> 當孩童向人揮手時，是在社交情境中表達主動反應。

理解自閉症的最佳方式是觀察那個孩子在他熟悉的環境中的樣子，因此，我決定將自己的自閉症研究移出研究中心的實驗室，到學校裡研究自閉症。藉由在孩子熟悉的學校裡設立實驗室，我們就能減少孩童因為來到新環境進行實驗或評估而產生的巨大不確定性了。

我們在聽音計畫療程中見證了奇蹟。許多兒童在結束介入治療後，會主動擁抱計畫人員，摟著他們並想回到這裡。學校中的實驗室環境能為自閉症帶來支持，它是友善而安撫人心的，不會帶來壓力。我們可以把學校中的實驗室與將自閉症兒童放進醫院環境中的 MRI 機器拿來比較。我總是好奇哪些自閉症患者肯進入 MRI 機器，因為他們多半有聽覺超敏現象，想當然爾也不願受拘束；我們是否被運用功能性磁振造影的自閉症研究給誤導了呢？因為這類研究選用的族群，是診斷出有自閉症但能忍受 MRI 的那一小群人。

卡：

我的一名青少年病患小時候感受到壓力時會旋轉身子，現在則是會揮手／拍手。你對此有何看法？

波吉斯博士：

他會晃動身體嗎？他喜歡搖晃嗎？上下方向的搖晃能刺激與血壓調節有關的受器，有助於組織迷走神經系統，這能帶來安撫作用，或許能因此減少揮手反應。孩童揮手時，是在社交情境中表達主動反應，他沒有逃走，只是揮舞著手，但父母往往會深受揮手的動作困擾，希望他停止這種行為，所以他可能會停止揮手，改為踱步；我認識的一個孩子把房間的地毯都走禿了，就因為母親不希望他揮手。我將揮手看成是社交情境下的適應性主動行為，與其完全失控，揮揮雙手還比較好。

協助人平靜下來並自我調節的一個最簡單的技巧，就是搖晃身子，包括坐在玄關搖椅上搖晃，或坐在鞦韆椅或一般搖椅上搖晃。玄關搖椅在我們成為空調社會前很常見，在二十世紀前半葉，家屋通常有玄關，伴侶們一起坐在搖椅上，這是一種社會參與策略；這種搖椅現在已經不再受歡迎了，但它是有功用的。

在某個意義上，搖晃是運用行為來修正生理狀態，發揮著生物行為介入的功能，搖晃具有安撫作用，有助於自閉症兒童自我調節。坐在健身球上搖晃可能對刺激副交感神經系統的薦骨傳入神經很有效，這些傳入神經會傳送資訊到腦幹並增加副交感神經張力，因此，坐健身球搖晃也許能做為刺激迷走神經中央調節的另類入口。

卡：

大體來說，你認為在人際神經生物學上，針對腦部、心智與各種關係的研究，過去五年來我們發展得如何？接下來五年又會如何發展？

波吉斯博士：

第一個要點是，研究神經系統的科學家必須受臨床社群啟發，這點至關緊要。實驗室科學家與臨床醫師之間有莫大的差異，各種障礙的研究模型與神經模型往往錯失了臨床界見到的幾個重要特徵，這種研究與診所間的差距，甚至延伸到臨床研究的領域。在醫學院，進行臨床研究的多半是同樣領有執業證照的科學家，但這些臨床研究者的時間大多是花在做研究而非看病上，然而，在實驗室觀察到的臨床特徵，與診所裡看到的往往不同。從我的個人觀點來看，相較於自以為是的科學研究框架——以一種看待客戶的方式審視患者，與臨床醫師討論才是能啟發我認識問題所在的方法。

接下來五年，事情會如何發展？我可能會告訴你一些你沒有預料會聽見的話。我想我們是置身在以腦部為中心、同時又愈來愈以基因為中心的世界，因為我們渴望了解心理健康問題，並使人類的體驗盡善盡美。我想我們過去聚焦於腦部結構與腦部功能的方式，遺漏了臨床醫師尤其能意識到的一大重點，也就是**身體反應的重要性**，以及身體反應如何調節著（且往往凌駕於）我們運用更高層腦部過程的能力——包括思考、愛、社交互動等等更高層級的心理過程。隨著我們成為將遺傳與腦部功能量化的科技產品的受害者，我們也極力貶低了影響身體各方面的疾病行為（sickness behavior）這個領域的重要性，變得僅聚焦於特定的腦部區域或基因多型性❼。

❼ 基因序列的變異是由自然演化而來，發生基因突變的機率高於一%時，可被稱為基因多型性，而發生的機率小於一%時，僅能被稱做突變。

從症狀學的角度去思考，無論我們談的是精神疾病症狀、行為問題或僅是生理健康症狀，大多數症狀其實都位在末梢。**神經系統不是指獨立於身體之外的腦部，更是一種腦—身神經系統**，人際神經生物學的未來，在於了解神經系統是遍布全身，且在功能上會對**人我互動**產生回應的，我認為人際神經生物學未來會更深入去理解社交互動與社會支持如何透過治療師、家族成員、朋友等促進身心健康。

卡：你談到了很多讓我們能深思的事。謝謝你撥空與我們分享。

第六章
腦部與肉體的雙向溝通

史蒂芬・W・波哲斯＆塞吉・普倫格爾（Serge Prengel）

我們應維持心—身或腦部—內臟關聯的雙向性，因為大腦調節著內臟，內臟也持續傳送資訊到腦部。

我感受，故我在——腦身的雙向神經回饋

普倫格爾（以下簡稱普）：

根據你的著作，你似乎非常注意神經系統的功能。

波吉斯博士：

我的研究聚焦於生理狀態的神經調節如何影響行為，這些機制又如何與社交互動有關，事實上，即使是從年輕的時候，我就很好奇他人的在場如何影響我們調節自身的行為狀態。雖然這個問題起自我的青年期，但直到過去一、二十年，我才明白這種能力是許多心理健康層面的核心議題，對生活品質的影響很深。

普：

所以說，那不僅是一段了解如何自我調節的個人旅程。

波吉斯博士：

嗯，事實上一開始可能是個人的追求目標，但後來多少融入了我的研究題目，成為我研究技巧的一部分。我的研究出發點是一個更深奧的問題——關於使資訊處理更有效率的生理反應參數，然後，我培養自己的研

究技巧時，也開始思考起底下的生理過程，而不僅是生理指標或有效認知處理的關聯因素。我開始提出關於身體感受與情緒的問題，後來更提出關於他人的在場如何影響我們調節身體感受與情緒的問題，並開始檢視神經系統如何調整內臟感受、這些感受又如何深受社交互動影響，這兩者之間的有趣辯證。

普：

我們的神經系統與內臟感受如何相互影響？

波吉斯博士：

雖然神經系統在調節內臟狀態上扮演著重要角色，對關心身體心理療法（body psychotherapy）的人而言是重要問題，但時下的心理學與精神醫學中使用與教導的模型、理論、療法，卻未承認它的重要性。心理學與精神醫學主要運用由上而下的模型，在其概念中，情緒與感受過程才是核心現象，身體在這類經驗中所扮演的角色則微不足道；與這類模型一致，即使是焦慮，也會被看成是沒有內臟徵候的「腦部」過程。

所幸有些臨床醫師——包括多位身體心理治療醫師，認可腦部與身體雙向溝通的重要性。舉例來說，從身體傳到腦部的感受資訊會影響我們對世界的反應，腦部過程也會透過與我們的世界觀、我們對各種環境特徵的反應等等認知與感受，影響我們的內臟。這種雙向與相互作用的觀念認為，神經系統是在複雜的社交情境中調節著內臟，雖然這是一種直覺的理解，但包括精神醫學在內的臨床醫學卻多半予以忽略，或略過不談。

普：

感受不是自行發生在某個孤立場域，身體感受與認知思維之間是有雙向影響的。

波吉斯博士：

沒錯。避談感受並強調認知過程無比重要的策略，是西方文化傳統長期以來偏重思維、犧牲感受的結果。

以笛卡兒的觀念為例好了，我們來談他的哲學是如何建構在心—身二元論上。

笛卡兒以法文表示：「Je pense donc je suis」，翻譯成英文是「I think, therefore I am.」（我思故我在）。然而，如果笛卡兒換一個說法，改成：「我感受，故我在」（Je me sens donc je suis，英文是 I feel; therefore I am），那會帶來何種後果？請注意「感受」這個動詞的反身形式可以直接譯成「我感受自己，故我在」（I feel myself, therefore I am）。如果他是這麼表示，那可能是要強調與情緒平行出現、也促使情緒產生的那種身體感受，而非身體觸摸物體時的感受。

在英文中，我們會以同樣的字來描述起自體內的感受，以及觸摸物體時體驗到的感受。不幸的是，個人體內的感受不是笛卡兒這項等式的一部分，但如果笛卡兒真的說了「我感受，故我在」，可以想見我們對人的治療會如何演變。就人如何成為人的歷史軌道來說，今日的我們會是什麼樣子？

與之相反的，我們的文化根據笛卡兒觀念而發展的哲學，採用的前提是，要成為健康的人類，就必須壓抑或否認體內的感受，讓我們優秀的大腦、聰明的大腦來表現其潛能。身心疾病可能正是追隨笛卡兒名言的下場，**由於不尊重身體本身的反應，並篩濾掉體內感受不提，久而久之下來，可能會因為減損腦身的雙向神經回饋而造成疾病。**

普：

討論我們如何體驗體內感受、這類感受又如何連上認知，可能對我們的聽眾有幫助，如果我們有表達體內感受的問題，或認知與身體其他部分的關聯中斷，會發生什麼事？

波吉斯博士：

嗯，這確實很有趣。其實我正在寫這個主題，我一直在研究安全對我們運用各種神經系統特性的能力有何影響。重要的是要了解，**感覺安全是我們有能力產生創意、解決並運用各種方法來解開難題的前提。**我們的文化界定何謂安全時，觀點很矛盾，聚焦於文字與認知呈現，略過**身體反應與感受**不提，身為專業人士與大學教授，我們自認為可以用認知技巧來定義何謂安全，但**安全其實是身體對環境的反應。**

基本上，我們文化中的教育與社會化過程極力排除身體對環境特徵的反應。如果我們觀察教室裡的孩童，會發現各式各樣的行為特徵，顯示有些孩童感覺安全，可以自在地坐在那個環境裡，但同一個環境卻會觸發部分孩童因為缺乏安全感而過度警覺的行為；此外，**那些一直密切留意教室中有無危險信號的孩童，往往也是有學習困難的孩童，感覺安全的孩童則能注意聽老師上課並有效率地學習。**不幸的是，教育的傳統課堂模型假設，如果某些孩童在教室裡表現良好，那代表每個孩子都應該如此。對於行為或內臟容易對任何微小的刺激變化起反應的人，我們的社會會將他們的行為解釋成是不好或不健全的，事實上，我們會以發展「失能」、心智「遲緩」、注意力「缺失」等標籤加強這類「道德」概念的建構。社會認為兒童應該有能力主動減少這些行為，如果做不到，那他們就是不健全的人。

基本上，我們並未深入檢視並了解，在可觀察到的個人差異底下有哪些神經基礎，反而向這些孩童灌輸了「那些行為不好」的觀念──儘管那其實是不由自主的行為。其實教育過程可以多加推崇人們身上的某些獨特感性，但我們很少看見這類推崇，而這造就了創傷治療界的現況。

創傷治療界主要是關於身體回應與反應。在某些例子中，行為模式與自律神經狀態的神經調節會在創傷後驟然大變，大到讓那個人的行為特徵顯得像完全變了個人，不再能與他人溝通或互動。由於受過創傷的個人，其行為不符合典型社交互動的期待，所以他往往會覺得自己有所不足，無法把事情做對；這類不足的感受可能是在社會期許的驅使下出現的，甚至是在臨床療程的評估回饋下形成的。舉例來說，治療策略可能會持續對患者進行評估，且往往會特別著重於那些不足之處，期望促使患者自主地掌控更具社會性的行為；然而，對患者行為的持續評估可能只會將他進一步推向防禦性的策略。

普：

我想暫且緩和一下討論的腳步，因為你的回答中有許多訊息。例如兒童在學校是暴露在預先強加的模型中，而那個模型幾乎是機械式的運作模型。兒童被當成機器對待，如果某部機器能以某種方式運作，那人們就期待其他的機器做出同樣的行為——無論他們對環境刺激有哪些生理激發或閾值的個體差異。

波吉斯博士：

我們可以從你非常簡潔的描述中再次強調：我們對待學校中的兒童有如他們是學習機器，辦學校成不成功，是以我們能將哪些資訊輸入機器來界定。我們尊重那套技能，但沒那麼尊重內臟狀態調節的重要需求，而內臟狀態調節其實才是學習與社交行為賴以成立的前提或神經生物框架。培養技巧來增進內臟狀態的調節，不屬於課程的一部分，因此在現行教育模型中，使神經系統能練習改善生理狀態的神經調節，進而支持更有效的社交行為，這樣的機會可說付之闕如或少之又少。

這些要點在我們研究自閉症兒童等有困難的個人時，會變得明顯。有趣的是，對於自閉症兒童，基本的治療模式是特殊教育的模式，這種模式建立在學習理論上，運用加強與重複的手法來建立兒童的技能。不幸的是，這種學習模式並未考慮到自閉症與其他臨床障礙共有的一個重要特徵：**他人在場時無法調節內臟狀態。**時下的治療模式反而是在強迫他在造成其學習效果不彰的情境下自我調節。

普：

敏感而講究成效的治療師會謹慎地領悟到，除非能讓患者處於經過調節的狀態，不然他無法改變。不幸的是，目前的治療模式往往會將不那麼敏感的模式用在兒童身上，試圖在他們根本還未學會調節的基本原則時，就強灌他們技能。

波吉斯博士：

此外，兒童的神經系統可能也還未發育到足以在複雜環境中調節的程度。因此，如果我們不去了解神經系統如何調節行為狀態，反而試著以學習法則，透過懲罰或獎勵來改變行為，進而提升動機，那這類策略頂多只能獲得不彰的成效，因為也許兒童的神經機制根本還未充分發育，或呈現非典型發展。

在過去的演講中，我經常討論內臟狀態如何影響或扭曲著我們對世界的反應，我會以幻燈片中的綠黃紅色交通號誌來說明，每種顏色的燈都代表一個不同的生理狀態。綠燈代表與安全有關的生理狀態，黃燈代表與危險有關的生理狀態，紅燈代表與生命威脅有關的生理狀態，交通號誌左邊的「S」代表環境刺激，右邊的「R」代表個人對刺激的反應。因此，對同一個刺激的回應，可以呈現出生理狀態的不同品質。即便是面對相同的環境刺激，也會因個人當下的生理狀態而產生本質上迥異的回應。

普：

你描述認知過程、反應、調節情緒與恐懼反應的能力等的相互關係時，感覺像是要以一個大例子來說明你先前說的「人如何成為人」這個截然不同的概念。

波吉斯博士：

基本上，我是在質疑各種機構的目標，它們的目標是要教人們更多資訊，還是讓人們更能互動對話、更能以相互調節來使自己感覺良好？這都要回到笛卡兒的名句來談，那引領我們走上一條強調思考、拓展認知技巧的路，看重在認知定義上「更聰明的人」。然而，儘管是提升了聰明的層次，我們對需要什麼來令身體感覺良好，卻變得一無所知。

普：

也許我們應該討論要用什麼來令身體感覺良好：內臟反應是如何運作、連接內臟與神經系統的神經回路有哪些界定特徵。這點很重要，因為人們往往談論著存在於身體中的自我，相對於思維，身體反而有著接近神祕或形而上的性質。我想就如你所描述的，在討論什麼能令身體感覺良好的過程中，我們就會感覺到那種由下而上的特性。

波吉斯博士：

我會說，社會的一個目標是讓人能無所畏懼地採取非主動反應。這項陳述乍聽之下可能很怪，但多想一下就會發現，無所畏懼地採取非主動反應，難道不正是治療的目標之一？你可不希望你的病患一直「繃得很緊」，焦慮並時時防備著你。

你希望病患能安安靜靜地坐著，不恐懼被人擁抱，也不害怕擁抱他人，被他人擁抱時能感到自在，在人際關係上有回應與互動。

如果病患繃得很緊，肌肉緊張，交感神經系統處於高度活化的狀態，那他就是在表達防禦他人的狀態。肌肉緊張與交感神經興奮的狀態，是一種隨時準備行動或戰鬥的適應性狀態，無疑的，他是在向他人傳達出靠近他並不安全的信號。

自律神經系統不是兩相對立的系統——迷走神經反應模式

這裡或許是強調某些調節自律神經系統的神經回路的好時機。

第一個要點與從身體流向腦部的資訊有關。

自律神經系統在傳達內臟相關資訊給大腦上，扮演著出奇重要的角色，迷走神經是自律神經系統中最大的神經，也是副交感神經系統的主要神經，它以感覺神經為主，其中八成纖維都是感覺纖維。迷走神經會持續傳送關於末梢器官現況的大量資訊給腦幹中的特定神經核，內臟傳送而來的感覺資訊，並不像上傳到脊髓的觸覺刺激或其他感覺資訊那麼明確具體，內臟感覺通常是分散的，因此很難下實際的標籤，而這種分散的感覺往往會使我們對社交互動的感知或反應染上某種「色彩」。

第二點與自律神經系統的運動神經控制有關，事實上，自律神經系統的傳統定義只把焦點放在運動部分、從末梢通往目標器官的神經路徑，以及內臟中的目標器官；這種對迷走神經運動部分的聚焦，使我們忽略了迷走神經的重要特性，沒有去檢視迷走神經路徑所起源的腦幹區。迷走神經有兩種功能各異的分支，這個事實往往極受忽視。

大多數人學到的是，自律神經系統有兩大組成：與戰鬥／逃跑行為有關的交感神經系統，以及主要與迷走神經這種腦神經有關的副交感神經系統，而迷走神經又與成長、健康、復原有關；這種呈現自律神經系統的方式顯示，交感神經與副交感神經的組成是對立的。

然而，將自律神經系統呈現為相互映照的對立系統有時很有用，卻並非完全正確。

雖然我們經常使用這種自律神經平衡的概念，但自律神經系統很少是以一種平衡系統的姿態發揮功能，面對環境中的挑戰時，它反而會做出層級性的反應。將自律神經系統的組成建構成「平衡」或「層級」系統的矛盾概念，促使我發展出多重迷走神經論。

在傳統的自律神經系統觀點中，交感神經系統與戰鬥／逃跑的反應有關，副交感神經系統則與健康、成長、復原有關，然而，多重迷走神經論實際描述的是在戰鬥／逃跑系統之外的第二種防禦系統。人人都很熟悉戰鬥／逃跑系統，它需要腎上腺反應，多重迷走神經論則是要辨識出第二種防禦系統，它與主動的戰鬥／逃跑行為無關，而與非主動、關閉、昏厥、解離等反應有關；這第二種防禦系統是生命受威脅時啟動的系統，在老鼠等小型齧齒目動物身上很常見。

貓抓到老鼠時，老鼠會定住不動，看起來像是死了，這不是一種自主行為，並不是老鼠「決定」要裝死，而是貓帶來的那種生命威脅特徵觸發了古老的神經回路——爬蟲類經常以這種古老回路為其防禦系統。由於爬蟲類的腦部小，不需要很多氧氣，所以牠們可以採取非主動反應，甚至長時間停止呼吸，然而，哺乳類不能做出這種選擇，因為牠需要大量氧氣來維持牠較大的腦部運作。這種關閉的非主動反應是受迷走神經機制調節的——事實上，昏厥又稱血管迷走神經性暈厥，這個名稱正好承認了迷走神經對正常心血管功能的潛在破壞影響。

因此，我們其實擁有與數十年來的觀念並不一致的迷走神經反應模式，過去都認為迷走神經及副交感神經系統與健康、成長、復原任務有關。

迷走神經防禦系統事實上並未出現在討論自律神經系統的文獻中，沒有「迷走神經防禦系統」的自律神經功能，可以完美地套進簡單的對立模型，在這個模型中，支持戰鬥／逃跑行為的交感神經部分與支持健康、成長、復原的副交感神經部分，構成一對競爭關係。

納入迷走神經防禦系統，會對自律神經平衡的簡單模型形成挑戰，迫使我們將自律神經系統的適應反應重新建構成反映出三個層級組成的概念。這種功能上的層級性，反映出這些自律神經組成在脊椎動物演化上的系統發展順序。最古老的迷走神經系統受無髓鞘迷走神經調節，它起自又稱背側迷走神經核的腦幹區，這個「古老」的迷走神經系統幾乎是所有脊椎動物的共同特徵，在哺乳類身上，這種系統受觸發來進行防禦時，會抑制呼吸、減緩心率、促進反射性排糞，然而，在安全的情境下，這個系統會支持膈下器官促進健康、成迷走神經既有演化上最古老的部分，也有最晚近的部分。

長與復原。交感神經系統受觸發進行防禦時，會在功能上抑制古老的迷走神經、停止消化、將能量資源從支持內臟轉移到支持主動反應上。

有髓鞘迷走神經運動路徑，是在系統發展上最晚近的自律神經系統。這個迷走神經組成是哺乳類所特有的，起自與頭臉部肌肉有關的腦幹結構，現在我們知道，**人們微笑、感覺快樂、聲音的語調反映出如母親唱搖籃曲時的抑揚頓挫時，他們也較能聚焦，較能聽見並理解口語交流。**

有髓鞘迷走神經在功能上能使我們平靜，有效處理心血管與新陳代謝的需要，並積極抑制與交感神經系統有關的激發狀態。

普：所以迷走神經，或說迷走神經的這兩個部分，事實上既有演化上最古老的部分，也有最晚近的部分。

波吉斯博士：迷走神經的這兩個部分，反映出脊椎動物自律神經系統演化上的極端特徵。

普：而在兩極之間的是戰鬥／逃跑反應。

波吉斯博士：

是的，由交感神經系統支持的戰鬥／逃跑行為。我已經發展出了一個簡單的敘事來描述哺乳類這種獨一無二的自律神經與行為特徵。隨著演化，哺乳類的生存漸漸取決於是否能滿足同種互動的需求——以養育為目的的互動、其他形式的社交互動，以及與獲得食物、生產、玩耍、支持安全需求有關的群體互動。新的哺乳動物迷走神經能關閉防禦系統，然而，為平衡社交互動的需要與安全的需要，我們必須知道何時要關閉、何時要重新開啟防禦系統。

在我們的社會中，這是一大議題，我們要在何時關掉防禦系統？何時才能安全躺在他人懷裡？去工作安全嗎？何時睡覺才安全？病患往往有與他人相處時缺乏安全感的問題，他們很難關閉自己的防禦系統，他們無法擁抱，他們有睡眠障礙、腸道障礙。上述症狀都是自律神經系統的特徵，只有在較新的有髓鞘迷走神經系統並未妥善調節交感神經與自律神經系統的無髓鞘迷走神經部分，無法令我們感覺安全時，才會發生。

普：

所以說，**要有效運用我們的演化遺產，最新的迷走神經回路就要有效調節古老的回路。**

波吉斯博士：

對。我正開始將身心健康弱點連上特定的神經結構——它界定了爬蟲類與哺乳類之間的差異。在這段轉變過程中，有髓鞘迷走神經演化了出來，防禦策略變得更聚焦於戰鬥行為，非主動防禦系統變得極不重要，而它之所以變得不重要，是因為非主動行為對需要大量氧氣的哺乳類有潛在的致命危險。我們與現代爬蟲類的共同先祖都有類似烏龜的特徵——烏龜的主要防禦系統就是非主動行為。

我們詢問創傷患者有哪些經驗時，會得知許多人都體驗過預料之外而徹底的非主動反應。說明迷走神經防禦系統與無髓鞘迷走神經如何支持古老防禦系統應對生命威脅，十分有助於我們揭開神祕面紗，了解受創傷的人所體驗到的反應。

生命威脅觸發了古老的反應回路，可能因此重組了自律神經系統調節生理狀態的方式，說明這點或許有助於患者了解他們的日常功能為何產生了變化。

普：

所以我們在談論的其實是，就某個方面來說，**一旦我們面臨的壓力愈大，我們就愈傾向於退回到十分古老的生存形式。**

波吉斯博士：

但這其實與我們對壓力的定義有關，如果你將壓力解釋成生存挑戰，那這個模型就非常適用。「壓力」強力限制了我們逃離壓力、達到安全狀態的能力，於是我們的生理做出調整。這種模型將重點放在當下的情境，以及神經系統如何偵測並詮釋情境中的各種信號。我們的物理情境與自己的生理狀態相互作用，決定了我們能以哪些選項來因應壓力源與挑戰。如果有機會逃離或防禦，我們會逃跑或戰鬥，而為了支持這些適應性的主動策略，我們會刺激交感神經系統。

但如果我們是被鎖在房間裡或受到壓制，那就沒什麼選擇了，在這類艱難、極度危險、往往是生死關頭的狀況下，我們或許會反射性地昏厥、受驚嚇而定住不動，並進入解離狀態。這類防禦行為都由系統發展上較古老的回路來決定。

舉個例子，CNN 新聞（見第一章）顯示一架飛機降落不穩的畫面，雖然情況看起來很危急，但飛機終究還是安全降落了。飛機落地後，記者訪問一名女乘客，問她在降落過程中感受如何，她的回應是：「感覺如何？我根本昏過去了。」

她的回答在神經生理學上類似老鼠落入貓口的體驗。顯然恐懼引發的非主動反應是有適應功能的，此人不再有意識，不再處於「此時此刻」。雖然觸發昏厥的因素與血壓大量下降引起的輕度缺氧有關，但疼痛閾值的提升仍表現出了防禦反應策略的適應特徵，如此一來，一旦你受到傷害，你將感受不到疼痛；如果你活了下來——但願一切無恙，但不論如何，至少你還活著。

了解「關閉」反應是一種適應性防禦反應的真正課題在於，我們必須去尊重身體可能會自動採取這類反應來保護我們不感覺疼痛，並拯救我們的性命；我們必須承認關閉有其正面特質，而不要對身體失去戰鬥能力、陷入非主動狀態而生氣。

生存的關鍵——社交互動

普：

這樣我們又回到了身為人類是如何、為何有那類身體經驗的問題。

波吉斯博士：

這類身體經驗對人類至關緊要，因為**與他人互動是人類生存的關鍵**。人類在整段生命過程中，事事都要倚賴他人，從出生開始，嬰兒就需要餵奶與照顧，成年以後，互動的焦點從安全及食物轉移到促進生理狀態上，在體驗上便是透過與朋友及所愛之人進行社交互動來調節情緒與行為；重點是人類必須與他人互動，以培養並使其潛力發揮到極致。有幾個生物學科在「共生調節」（symbiotic regulation，兩個生物體能藉對方的行為改變自己的生理狀態）的概念下討論過類似的過程。

我想我們正處於一個很好的位置，可以運用生物行為觀點下的這個概念，來說明人類社交互動如何促進神經生物過程的幾個方面。

透過對這個概念的拓展，我們可以看出人是如何在互動中傳送信號給彼此的神經系統。社交互動的特徵是持續傳送安全或危險信號，以了解是該挽住這個人的手臂比較安全，還是該離開他身邊並保護自己比較安全；我是用「神經覺」這個詞來說明這個動態與互動的過程。

普：

你很留意如何從「人類演化來體驗愛與依附的機制」方面來看待這點。

波吉斯博士：

我是從表現出社交連結困難的臨床族群身上理解到這些機制的。人類免疫不全病毒（HIV）的患者提出的有趣例子讓我能精進論點，研究 HIV 患者時，我理解到他們的照護者往往會覺得自己不被愛，要照顧患者的需求這點經常讓他們生氣，而自閉症兒童的父母也經常回報同樣的感受與體驗。

在這兩種例子中，雖然照護者往往回報感覺自己不被愛，但他們其實是在表現出，HIV 感染者或自閉症孩子並未偶爾以適當的臉部表情、眼神注視、聲音語氣來回應他們。在兩種例子中，被照顧者的行為舉止都像機器一般，照顧者感覺疏離，情緒斷線，因為被照顧者的生理反應在功能上違背了他們的期待，讓他們覺得受辱。

因此，治療的一個重要面向是，不僅要面對病患本身，也要考慮到病患身處的社會情境，聚焦於父母—孩子或照顧者—病患的關係，才能確保父母或照顧者學著去理解，他們本身的反應是自然的生理反應。

不幸的是，照顧者與家長往往會將他們生氣的原因歸咎於患者疏離的行為，這就滋生了問題。這就和學校老師覺得學生轉身不好好上課，所以生氣並咄咄逼人是一樣的，家長與照顧者往往是以這種方式合理化自己對患者的憤怒及惡言相向。

普：

我們能超越自己的反射性反應嗎？

波吉斯博士：

我們可以試著超越這些反應，但並不容易。

在我舉辦的一些工作坊中，我試著用簡單的體驗學習來說明這點，我將這段學習稱為「不情願的治療師」。我創造出能讓參與者輪流扮演的三個角色：治療師、病患、觀察者，在這場體驗學習中，給治療師的指示是要他在病患講話時別開目光，轉開身子。

這段體驗有趣的一點在於，扮演病患的人往往會對治療師非常生氣，儘管病患明知那個治療師是在角色扮演，他收到了要轉身並疏離的指示，但扮演病患的人仍然很生氣。在這段體驗學習中，觀察者置身事外，有責任保持客觀，並回報行為信號如何觸發行為及狀態的大幅轉變。參與者輪流扮演完三種角色後，我們會發現他們的反應是穩定重複的，**別人疏遠或靠近我們時，我們的身體狀態會很快改變，這點十分驚人。**

普：

那是很有力的一部分，即使明知是指示，明知自己身處於角色扮演的情境，社會參與仍然深深影響我們，我們無法真正輕易地脫離它。

波吉斯博士：的確很驚人。在治療環境中，臨床醫師可能要面對擁有不同「參與」資源的伴侶。舉例來說，如果伴侶的一方有創傷史並體現出狀態調節方面的障礙，在彼此對峙、甚至進行較正面的社交互動時，他會別開目光並轉身走開，那另一方會有何反應？他們的反應往往是直接發火。

普：

解構社交中的種種機制，讓患者的身邊人明白不要太在意這些事很重要，這種解構有非常好的地方，能協助他們少去歸罪，減少不必要的說詞，那些說詞反而會阻礙人們與他人有效互動。

波吉斯博士：

我完全同意你的觀點。我們身處於試圖為每個行為強加動機、為行為冠上好壞評價的世界。我使用「道德色彩」一詞來描述社會敦促我們評價行為好壞的特性，卻忽視了行為調節生理與行為狀態的適應功能。

我對臨床醫師演講時，通常會舉大老闆或主席不看著臨床醫師講話的例子來說明，藉以喚起他們對於自身被邊緣化的內心感受。我原本期待他們會說，那個大老闆不喜歡他們、他們不夠重要到讓大老闆正視他們等等詮釋，但我察覺到多數聽眾的表情一片空白，無法對我描述的情境起反應；然後我恍然大悟，臨床醫師大多不是為任何人工作，而他們之所以覺得自己不為任何人工作，是因為這些經常被他們詮釋成評價好壞的疏離行為，令他們感覺不好。不過，我的生涯是在學術界度過，而這個社會環境中的管理者與許多同事的社交技巧通常很有限。

然而，我想提出的重點是，我們歸為社交技巧的行為，大多不是經由學習獲得的。這類行為反而大多是生物狀態的突發特質，而非從社會學習中獲得的「技巧」。

有些人能善加運用眼神接觸，他們對他人好奇，臉部表達的範圍也較寬廣，這些人在社交互動中的回應度較高。為維持這種互動性，他們會傳送明顯、細膩的信號給彼此，這些信號有讓對方感覺安全的潛能。當信號有效，對方就會透過臉部表情與發聲來回應，他的臉會顯得較生動、表情較豐富；說話的語氣會較有抑揚頓挫；生理空間會隨著心理距離一起縮短，讓兩人的身體距離漸漸拉近。我相信你在自己的臨床實務中也觀察到了這點。

普：

我們進行臨床治療時確實觀察到了這點，其實我們很認真觀察，也時時留心，但當然我們只能做出人類的反應。我們就和其他人一樣，很難時時關照這點。

波吉斯博士：

這些特性給我的個人試煉，是發生在我為人父、為人師的身分上。孩子與學生開始傳送某些信號給你時，你要如何做出反應？我學會退後一步，思考他們的生理狀態，他們是不是還沒吃飯？是不是睡不好？是不是家裡出了大事？

如果種種事件與情境削弱了他們的能力，使他們無法有效運用支持安全與社交互動的神經回路，那我們的互動就會充滿挑戰，參與、表達、理解的能力都會因此受限。

我們可以綜觀整個西方文化，辨認出干擾我們運用神經回路支持社會參與的特徵，要記住，我們的文化結構並不會使我們感覺安全。這個文化明確地表明，我們再努力工作、再成功、累積得再多都不夠，一切都很容易失去，因此，西方文化真正告訴我們的是，我們生活在危險的地方、危險的時代。我總是好奇，如果我們更尊重人類對安全的需要，那人類會變成什麼樣子。

普：

所以你的意思是，重要的不僅僅是多關照安全帶來的認知或情緒轉變，而是轉換到不同的系統，使人自發地產生能力來改變，進入社會參與系統。

波吉斯博士：

對，但我們要進一步承認，這種進出社會參與系統的轉變可能不是自發性的，而是一種反射行為，受社交互動中的信號、也受物理環境中的信號所驅使。

如果我們更機敏——這是科學能提供協助的地方，就能開始理解，是環境中的哪些特徵在功能上觸發了神經系統產生戰鬥／逃跑反應，或使人進入安全狀態並啟用社會參與系統，又是哪些環境特徵觸發了行為上的關閉，使人因恐懼而靜止不動，或進入解離狀態。背景噪音往往會觸發主動的生理狀態，破壞社交互動與安全的感受，我注意到有些臨床診間是位在嘈雜的建築物內，大型建築物的通風系統與機械構件的低頻聲也不例外，這類噪音會干擾病患改善病況的能力。

普：

在紐約市確實如此。

波吉斯博士：

是的。你可能會在講電話時聽見火車的聲音，那是高架鐵路，我們在芝加哥稱之為「L」鐵路，那種鐵路會對神經系統傳送物理信號，使我們變得警覺，隱隱預期著潛在危險的出現；我們通常不會意識到自己的神經系統是如何受這類提升防禦的信號所轟炸。

「受神經生物學啟發」的人性化環境設計，會確保我們在沒有上述特徵的情境下生活、工作、玩耍。移開上述形式的刺激，能減少神經系統大幅提升警覺以因應獵食動物或危險逼近的壓力；移走這些刺激後，我們在功能上就更能輕易放鬆、參與，獲得社交互動的一切好處。

但真正的問題在於，我們不再收到觸發過度警覺反應的信號後，會有哪些行為與感受？安全的環境對我們要做的每件事都很重要，進行治療時更是如此。

我開始思考正念冥想時，領悟到即使是正念冥想練習，也要在安全的環境下進行。呼吸與注意力如何受背景音影響？我們又是如何容易分心並變得高度警覺？你提出這些問題時，一切就會明顯起來。我也理解到，啟用與交感神經系統活性有關的防禦系統，與正念的狀態格格不入。也許理解這點的一個簡單方法是去了解，正念需要一種不做評判的狀態，然而，這種狀態與防禦狀態格格不入，因為**在防禦狀態中，評判是生存的關鍵**。

我們可以將這點融入多重迷走神經論來談，評判其實就等同於說，我們正處於危險的環境，必須犧牲社會參與行為來確保自己保持高度警覺，隨時準備做出戰鬥或逃跑行為。

我們鼓勵孩童學習並盯著電腦螢幕時，基本上是讓他們進入稍經更動的高度警覺狀態，以進入長時間聚精會神的專注狀態，然而，這種狀態並不支持健康、成長、復原，也不支持社交互動所需的社會參與行為。

另一方面，我們要了解哪些特徵是讓我們感覺安全、關掉防禦系統的先決條件，這引領我們走向臨床治療令人興奮的未來。如果我們多去了解能關掉防禦系統的環境特性，那臨床實務與臨床治療就會更有效率；如果我們的居住環境去除了觸發防禦的特徵，代之以觸發安全的特徵，那生活就能更健康、更有品質。**我們可以輕易改善工作與居住環境中的幾項特徵，包括減少環境中的低頻聲、減少環境中不可預期的因素等，連待在讓你感覺安全的人身邊也是一種辦法。**

普：

所以就某個方面來說，**不是治療症狀，而是朝治療底下的肇因邁進。**

波吉斯博士：

我們從不同但仍相當重要的適應功能演化出了不同的神經回路。這些神經生理系統的演化為突發行為提供了神經框架，每個行為都有一個適應功能。

我不喜歡評判行為好壞的概念，而是**將每個行為看成是來自一個神經框架，它代表著有機體想去適應生存的意圖**，然而，雖然這種模型能讓行為成為一種適應的概念，但有些行為會干擾適當的社交行為與社會互動，因此，治療的其中一個目的，是促使患者調節其內臟狀態，並參與、享受與他人的互動。這些社交行為需要最新的神經回路來調節自律神經系統，這個神經回路是哺乳類特有的回路，只有在我們感覺安全時才會運作，這個系統不僅能促進社會互動，使其促進成長、健康、復原，還有能力調降我們演化來防禦的反應與神經回路。

普：

這樣一來，我們就不再需要以傳統病理學的角度討論，而能在某種程度上，把人的適應功能看成是對負面知覺做出的良好反應，或者可以說，這個功能基本上是在調節著我們運作的方式。

感覺不適時，就是出現了某個讓身體感覺不適的原因，而我們必須做出適應與調整。

波吉斯博士：是的，但我傾向不用「知覺」這個詞，因為它牽涉到某種程度的覺知與認知。

我們對環境特徵做出生理轉變的反應，但這個反應其實是超乎覺知領域的，我將這個過程稱為神經覺，就是為了強調它是發生在神經的基礎上。身體運作的方式就像一臺測謊器，持續對人與地方做出反應，我們必須多學著讀取自己身體的反應，我們必須知道，感覺不適時，就是出現了某個讓身體感覺不適的原因，而我們必須做出適應與調整。

普：除非我（硬要跟身體唱反調）去與那種想讀取身體資訊的感受爭辯，因為「讀取身體資訊」也是一種認知過程。

波吉斯博士：你說得對極了。這是個難題，對吧？

普：談論過程很難不產生那類意象。

波吉斯博士：

我想我們可以擺脫這個問題，簡單地說，就是**要尊重身體的反應，不要一直試著開發技巧來否認身體告訴我們的事**，如果我們能尊重身體的反應，就能運用覺知與自主行為來引導自己進入感覺較自在的地方。有了這層新理解後，我們就能透過認知功能，創造出身體感受與身體管理之間的夥伴關係。

普：

你的話令人想到，一切都該順其自然，而非勉強自己。

波吉斯博士：

我們年輕的時候，還可以置身於酒吧或擁擠的房間等嘈雜的地方，但年紀漸長以後，我們在嘈雜與擁擠的地方會覺得很難理解人聲並與人交談。在某個意義上，神經系統在功能上開始辜負我們了，我們想逃離這些令人不舒服的環境，許多人都有同樣的經驗；然而，在某個意義上，如果有這類經驗的人不去尊重不舒服的身體反應，那最後一切就會變得太晚，不再能掌控自身的行為了。

普：

所以就某個意義上來說，之所以造成病理症狀，有一大半是因為我們想推翻那些信號的能力太強大了。

波吉斯博士：

我們收到信號，但並未予以尊重。我認為這種否定身體反應的策略與我們的文化很有關係，這點和我先前提到的笛卡兒有關，他強調應讓身體感受屈從於認知功能。

我們的文化與宗教觀點的相互依賴——特別是將身體感受建構成與動物有關、而將認知歸屬為與精神有關的概念，使我們消弭了身體感受的重要性。

普：

往後我們就能由下而上地建構自我的概念了。

波吉斯博士：

但這其實同時是一種由下而上、也由上而下的模型。我們應維持心—身或腦部—內臟關聯的雙向性，因為大腦調節著內臟，內臟也持續傳送資訊到腦部。簡單的動作如姿勢改變等，就會造成腦部接收到的信號改變；我們向前或向後傾身時，血壓會改變，並傳送不同訊息給壓力受器——即監測血壓並與腦部相應區域溝通的受體。

我們向後靠時會較放鬆，沒有那麼留意周圍環境，如果直挺挺地站起來，那就會觸發血壓改變，使我們變得較警覺、專注，因此，這類觸發血壓受體的簡單行為操控，在功能上能改變我們與世界互動的方式。

我們家的地下室擺著一張椅子，斜臥在上面可以帶走腰部的所有壓力，我只要坐上那張椅子，就不想起身，我覺得無比放鬆，不想起來工作或思考，只想這樣一直坐著。但一到辦公室坐在桌子前，我就會挺直身子，我的動機與外觀改變了，一坐到辦公桌前，我就會開始將工作看成是有趣、令人樂在其中的。

姿勢的轉變彷彿造成了兩種與環境互動的不同方式，就好像心理經驗反映出兩種不同人格：一種是懶洋洋的、一種是投入而充滿熱忱的。因此，**就連姿勢變化這種簡單的小改變，也會觸發神經生理回路**，改變我們對世界的反應、組織思維的方式、自我激勵的方式。

普：

有趣的地方在於，這種種改變都是因為姿勢造成的，它也可能造成比方說我和環境的雙方變化。

波吉斯博士：

其實你正好說出了重點。另一種看待這個議題的角度是，我們是從聚焦於調節內臟平滑肌的放鬆狀態，轉變成以較警覺的狀態運用軀幹與四肢橫紋肌。會出現這種轉變，是因為挺直坐正要增加肌肉張力，為了達到這個任務，我們必須運用與斜臥時不同的神經回路，我們斜臥時，橫紋肌的張力也會放鬆。在斜臥的姿勢下，我們會變成一具平滑肌有機體，其目標是保存資源，但一坐正起來，骨骼肌就必須維持肌肉張力，讓我們變成能互動、投入的有機體。

普：因此，從哲學的角度來看，你將個人、自我看成是一種過程，在某些條件下，這個過程會傾向支持著平滑肌，產生一種放鬆狀態。

波吉斯博士：你體驗到放鬆、靜止不動的狀態時，可能會出現特定的生理過程，支持著健康、成長與復原。這是很重要且實用的狀態，雖然它並不支持社交互動與上天下地的思考。

撕下病理行為的道德標籤——行為適應性

普：所以就某種意義來說，我們談論的是運用不同神經回路來使我們對環境的動態變化做出反應與適應。

波吉斯博士：如果我們為支持不同行為領域的不同神經框架建構概念，就能開始詮釋這些行為與其在不同神經框架的限制。我躺臥時會缺乏社交行為，這不是適應不良，但如果我請了一群朋友傍晚來家裡坐，人卻躺臥在那裡，那就會被看成是適應不良了。因此，其實是情境在界定著何者是妥善的適應，何者不是；那些行為都是神經框架的突發特質，而其適應性高低是看它們在特定情境下是否適當而定。從這類角度來建構行為概念，或許能改變我們對行為病理的理解。到頭來，我們可能會將行為病理解釋成是，它是一個在某個環境下有適應性、但在眼前的環境下才算適應不良的行為。比方說，創傷倖存者在創傷事件中的解離或關閉反應可能是適應行為，但在社交情境中卻是適應不良的行為。

普：所以在某個意義上，你改變了病理的定義，以行為在當下情境中是否為適應行為來界定。

波吉斯博士：我完全同意你的說法，我想一旦那麼做，就能不再以好壞來論定行為了，那只是不適合當下情境的行為罷了。這讓我們能撕下一些道德標籤，不去影響那些難以調節狀態來啟動神經框架去支持更適當行為的人。

普：拿掉那種汙名是極為重要而有力的事，能去除讓我們進入危險模式的道德情境與價值評判。

波吉斯博士：

你其實已經非常靠近這個理論的核心了，它是要以非常簡單的概念連上我們對安全的追求，如果我們不感覺安全，那就會長期處於一種評判與防禦的狀態中，然而，如果我們能運用支持社會參與的回路，那就能調節神經框架，促使社會參與行為自動出現。從多重迷走神經論的觀點來看，治療的目標就在這裡。

普：

所以說，這個理論其實是要去了解這些過程有某種顯著的傾向，並去重新導引、認識那股我們必須了解並適應的潛能，在某方面加以運用。

波吉斯博士：

你提到了另一個重點。也就是說，儘管我們有調節狀態的那三種回路，但還是能運用這種較新的、在感覺安全時能接觸到的哺乳類社會參與系統，來修正另外兩種防禦回路。因此，一旦我們能輕鬆運用社會參與系統，就能自由採取主動行為，但不須戰鬥或逃跑。我們不須戰鬥或逃跑，只要活動並玩耍；雖然戰鬥／逃跑與玩耍行為都需要主動反應，但玩耍能藉由面對面的社交參照，關掉我們的防禦系統。

玩耍時，我們會透過社會參與系統發出信號，讓他人知道我們行為背後的意圖並不危險，也不會帶來傷害。觀察小狗玩耍就能看出這點。牠們彼此追逐，還可能輕輕咬一下對方，然後就會進行面對面接觸，再交換角色。如果我們看人類從事運動競賽，他們在過程中打到彼此時，會以良好的眼神接觸與社交溝通來軟化那種攻擊性反應；然而，如果他們意外打到某人，卻沒有拆除那個舉動的火藥就走開，那就可能發生打鬥。

同樣的，非主動反應回路也可能受社會參與回路吸收，在表現愛意的行為中，一開始可能會進行面對面互動，其後是無恐懼的非主動狀態，久而久之，我們變得能安然倒在他人懷裡不動。我一直強調，無恐懼的非主動行為扮演著重要角色，因為對哺乳類而言，非主動行為有潛在的致命危險。因此哺乳類永遠都在動，除非牠們與另一個同類在一起時感覺安全。

普：

我們在談的是良好的非主動反應嗎？

波吉斯博士：

是的。這種「良好」的非主動反應——也就是無所恐懼的非主動反應，要讓「恐懼的非主動反應」所採用的神經路徑與社會參與系統及神經肽（如催產素）的特性通力合作。在功能上，催產素在腦幹的背側迷走神經核中有受體，它調節著在系統發展上較古老的無髓鞘迷走神經。這種無恐懼的非主動系統使女人能生產而不昏厥或奄奄一息，這個良好的非主動系統，也使人能擁抱、彼此依偎而不出問題，使女人能安然不動地餵奶。系統發展上較古老的結構一開始是演化來防禦的，但已經吸收來用在玩耍、生產與親密關係中。

普：因此，我們在治療中的所作所為，有一部分是要延續那種適應結構的能力。

波吉斯博士：我同意治療的目標是使病患在世上體驗到更多彈性，讓他們更能接觸到可在適當情境中有效減少防禦的神經回路，並以在系統發展上較古老的回路達到非常正面的結果。

普：謝謝你，史蒂芬。

第七章
反思安全感的定義——我的多重迷走神經發現之旅

安全感取決於自律神經狀態，安全的信號有助於安撫自律神經系統。生理狀態的平靜能創造安全與互信關係的機會，那些關係本身也會拓展共同調節行為與生理狀態的機會：健康的關係支持著身心健康。

你以為的安全，真的安全嗎？——腦部與身體的反射

我們直覺認為「安全」在人生中扮演著重要角色，令人訝異的是，儘管它如此重要，我們的醫療機構卻予以漠視。也許我們對安全的角色有誤解，是因為我們自以為知道安全的意義為何，但我們必須挑戰這種假定，因為我們用來描述安全的文字，可能與身體對安全的感受並不一致。

在西方世界，我們傾向認為思維凌駕感受，思維的價值較高，養育與教育策略的目標是拓展並增進認知過程，同時抑制蠢蠢欲動的身體感受與衝動，結果造成了一種以皮質為中心的傾向，這種由上而下的偏見著重心智過程，極力忽視身體由下而上傳達的感受。

我們的文化——包括教育與宗教機構，在許多方面都公然抑制身體感受，推崇來自腦部的思維過程。從歷史來看，笛卡兒聲明的「我思故我在」（Je pense donc je suis）便清楚道出了這點。

笛卡兒並不是說：「我感受故我在」（Je me sens donc je suis），請注意，我使用的是反身動詞型態的「感受」，在法文中，將「感受」當成反身動詞使用時，是強調感受寓居於人體之內；然而在英語中，感受（to feel）這個動詞的意義通常很含糊，有可能是指與實際觸摸物體有關的感官感受，也可能是指與情緒反應有關的主觀體驗。

認知與感受有多少相對貢獻的爭議，始終是如何理解、修正、盡力改善人類行為及情感體驗的歷史問題核心。一直要到過去五十年，情緒與對主觀感受狀態的研究，才在心理學中成為公認的研究領域，先前的研

究及其對教育（與養育模型）與臨床治療模型帶來的影響，均把焦點擺在認知路徑，目的是增進認知功能，抑制主觀感受。這種焦點強調客觀、可量化的行為與認知功能指標，同時屏除主觀的感受描述。

感覺的量化——感覺開始成為科學研究的主題

我在一九六六年以研究生身分進入的科學界，並不認為身體感覺的研究是合理的研究領域，在那個科學場域，「情緒」只能以動機的角度來討論，情緒研究主要是在實驗室老鼠身上進行，經由掌控食物的可得與否來操縱其動機，情緒反應性則是以動物的排糞量來量化。

那是在行為主義❽復興、受認知革命驅使而對心智過程展現興趣之前的科學界。漸漸的，隨著行為技術❾被納入特殊教育與臨床心理學，行為主義融入了應用領域，認知科學❿則成長為記憶、學習、決策、概念形成

❽ 二十世紀初興起的心理學流派，主張心理學應研究可被直接觀察與測量的行為，而非虛無縹緲的意識。

❾ 行為技術（Behavioral techniques）是許多心理療法的核心，這些療法的共通點是透過改變行為而改善情緒及整體功能。

❿ 認知科學（Cognitive Science）是探討人類心智與大腦運作機制的跨領域學科，研究焦點在於認知歷程的運作以及這些運作與大腦之間的關係。

的新模式，其解決問題的方法獲得發展，並隨著人工智慧與機器學習模型的產生，拓展到工程與電腦科學等領域中。

接觸到改良的腦部功能測量技術（如腦部成像與電生理學技術）後，認知科學家開始運用成像與電生理學技術，由此認知科學開始與神經科學融合（即認知神經科學）。

雖然行為與認知兩者都仰賴神經系統，但應用行為主義與認知科學都沒有將神經生理狀態當成一種行為與心理過程的調節器來研究，行為主義持續對神經系統抱持不可知的態度，認知神經科學則聚焦於辨認認知過程可量化的腦基礎關聯值。

進入研究所後，我馬上就受到名為心理生理學（psychophysiology）的新跨學科領域吸引，這門新學科的第一本期刊在我進研究所的幾年前才出刊，截至當時為止，僅有兩三本以此為主題、可當成研究生資源的書籍出版。

心理生理學研究聚焦於測量在心理操作下的生理反應，而吸引我的是心理生理學的方法學，它提出目標，並運用生理反應（如膚電——皮膚電阻的監測、呼吸、心率、血管舒張反應）提出可量化策略來理解主體經驗，而不須主體做出自主反應，這種將神經生理事件連上心智過程的測量方法，至今仍是心理生理學與認知神經科學的普遍模型。

過去五十年來，這個範式的變化不多，不過監測生理學與神經生理學的感測器發展，以及用來追蹤心智過程、得知其變量的量化方法發展，皆已獲重大進展。

心率變異的減少，是注意力與心力持久的強力指標。

我的第一篇研究主題——心理生理學的心率變異

讀研究所期間，我從自己的研究發表的第一篇文章，先將心率變異量化為應變項，再當成中介變項⓫。將心率變異當成應變項與中介變項的區別，是理解範式轉移的一大決定性特點。

我展開研究時，心理生理學範式的界定，是以生理反應為應變項，這意味著生理反應的監測是用來反應管控良好的心理操作。這種範式適合傳統的刺激—反應（S-R）模型，即心理操作是「S」（stimulus），生理反應是「R」（response），在這種範式中，我的研究報告會顯示心率、心率變異、呼吸的變化。

依據我的研究紀錄，心率變異的減少，是注意力與心力持久的強力指標。在進行這項研究時，我注意到參與者如果未投入到需要注意力的任務，其心率變異便有個體差異。這類心率變異的基線測量與心率及心率變異取決於刺激的變化量值。

依據這項觀察，我開始依心率變異的高低將參與者分成次團體，這些研究頗具先見之明，並開啟了將心率變異的個體差異連上認知表現、環境刺激的敏感性、精神病學診斷、身心健康與恢復力的大量研究。心率變異成為研究文獻的固定部分，其他研究則專注於透過生物回饋、呼吸練習、體適能、冥想等能夠加強心率變異的技術。

⓫ 見19頁註解❷。

心跳原來與神經有關——協調心率變異的神經機制

一觀察到心率變異的個體差異與測量注意力（如反應時間）及自律神經反應性（如心率變化）的方法之間的關聯，我的研究就出現了新目標。我投注心力思考，為何心率變異的個體差異與持久的注意力及行為狀態調節有關，這引領我開始進行動物研究，我研究心臟的神經調節，藉以了解負責心跳與心跳之間的心率模式、形成心率變異的神經路徑。我研究神經生理學與神經解剖學時，理解到研究文獻的既有資訊，已足以使我們從心率變異中理解迷走神經調節的神經特性。在二十世紀初的一份出版品（一九一〇）中，德國生理學家赫林（H. E. Hering）報告，呼吸能為迷走神經掌控心臟的功能提供試驗方法。赫林陳述：「關於呼吸，我們已知可證明的心率降低……顯示出迷走神經的功能。」

呼吸與心跳之間的緊密關係——迷走神經調節心臟的敏感指標

得知迷走神經心跳抑制纖維的啟動有其呼吸模式之後，我就獲得了必要的神經生理根據，能從心率變異的普遍測量法，轉而更精確地研究心率變異的某個部分——這個部分顯現出了迷走神經對心臟的調節。這引領我發展出將呼吸性竇性心律不齊，量化為心臟迷走神經張力的精確指標。

根據赫林的描述，呼吸性竇性心律不齊是迷走神經影響心率的功能性顯現。迷走神經影響心率而引起的呼吸相關變化，表現在心率每拍之間的節奏性增減，迷走神經的影響愈大，節奏性增減的差異就愈大。呼吸性竇性心律不齊是神經回饋回路的指標——回饋系統動態調節著迷走神經對心率調節器的抑制性影響；這個回饋系統有肺部與心臟向上傳入腦幹的輸入，也將更高腦部區域的投射向下傳到腦幹。回饋系統的傳出參數提供了測量幅度與頻率的方法，幅度顯現出迷走神經的影響，週期性則反映著呼吸率。

有了這種新工具，我的研究便從測量相關性轉移到受神經生理學啟發的模型，可以持續監測透過迷走神經調節自律神經狀態的神經調節過程了；在這種新技術下，我能精準監測迷走神經調節下的特定狀態變化。

到了一九八〇年代中期，我的研究焦點已轉移至臨床群體（如早產兒等）的行為狀態調節障礙，由於當時我的研究聚焦於監測生理狀態，所以我想拓展到臨床環境，發展出可攜帶的「迷走神經張力監測器」，能在醫院環境下持續監測迷走神經調節心臟的各項數值。有一間名為德爾塔生物統計（Delta-Biometrics）的小公司製造了一百臺左右的這類監測器，販賣給研究者；這間公司目前已歇業。

行為改變是一項指標——將測量法融入 S-R 模型

從我的觀點來看，在應用行為技術（如行為改變技術）與認知科學兩者中，人們如果不是缺乏對生物學角色的認識，就是這層認識仍有待發展。認知科學與神經科學的融合並未改變認知科學的原有模型，只改變了應變項，將中樞神經系統的功能納入測量，因此，雖然腦部功能成像與腦部電生理學監測的研究大量增加，但範式並未隨之改變。這類研究依舊維持著歷來的 S-R 模型，只是稍微將生理學或神經生理學的相關資料融入其模型。

國際行為分析協會（Association of Behavioral Analysis International, ABAI）的成員與期刊指出，應用行為科學界試圖用他們的方法建立與加強 S-R 關係，但並未將受試者的生理狀態視為主要決定因子。

幾年前，我有幸在年度 ABAI 大會中進行史金納講座，我的演講主題是「透過多重迷走神經論觀察行為改變技術」，我在演講中描述自己如何追蹤那些可用以測量生理狀態的變項，將生理狀態當成 S-R 關係的中介變項。我的演講重新引進了更古老的學習模型，承認有機體中的變異是 S-R 關係的調節者，扮演著重要角色。在 S-O-R 模型中，「O」代表有機體，是 S-R 範式中的中介變項，然而，歷來 S-O-R 模型中的「O」並沒有神經生物學基礎，也未將生理狀態當成界定特徵。

我的演講說明，運用如心率變異等方法來測量自律神經系統的神經調節作用，提供了我們新的契機，將「O」當成行為改變技術範式與程序中的中介變項來監測。此外我也提出，既然生理狀態可以操控，那環境與其他中介特徵也能影響「O」來增進效果，我建議將呼吸性竇性心律不齊（迷走神經調節心臟的指標），當成行為改變技術範式中的中介變項。

我想問的是，生理狀態是否能解釋，個體差異與情境差異影響了行為矯正的有效性？我建議可在 S-O-R

框架中設計新的行為改變技術範式。這類新框架以情境來操控生理狀態，使其提升到更理想的迷走神經調節基準，在功能上協調著行為改變技術程序的有效性。

這場演講獲得不錯的反應，為擁有強烈行為研究觀點的與會者提供了融合神經生理觀點的機會，而又不對他們的方法學及範式帶來衝突。

受影響的行為與心理——尋求中介變項

我的科學旅程是一段追求中介變項的個人之旅，這個中介變項將促使我們理解行為的個體差異。這段旅程引領我了解自律神經狀態做為行為與心理經驗（包括感覺安全的經驗）之神經框架的重要性。基本上，自律神經狀態對行為的影響並不是一對一的因果關係，但突發行為與心理經驗範圍卻是受限於自律神經狀態的，看待這段關係的另一個角度是將自律神經狀態的變化概念化，主張它能使特定行為與心理感受出現的機率（與可能性）產生變化。

我的旅程引領我構築多重迷走神經論的概念，勾勒出我身處的學術機構的實際需求。

大學的結構並不是設計來讓教職員感覺安全、安穩的，大學向來以清楚客觀的評價模型運作，觀念與論文持續在其中接受審視。長期下來，這類評價模式會使生理狀態轉變為支持防禦的狀態，支持防禦的生理狀態與支持創造及拓展理論的生理狀態並不相容，學術環境有其潛規則，而了解這類規則讓我能保持創造力並產生新觀點。

回首過往，我認為我的學術生涯有三個階段。

第一階段的特點是我為獲升副教授而做的描述性研究，在這個階段，我認為心率變異是一種重要現象，由此進行了一連串實驗研究。

第二階段的特點是解釋調節心率變異之神經生理機制的研究，這個階段為我升任教授提供了必要的科學貢獻；膺任教授讓我有機會將早先研究獲得的知識運用在臨床問題上。

第三階段的特點則是提出多重迷走神經論，使其成為受神經心理學、神經解剖學、演化論啟發的腦—身或心—身科學的基礎。提出挑戰既有範式的理論是極具風險的，如果過早提出，還可能斷送職業生涯，然而，當時我有機會搏上自己的學術成就，提供必要的科學可信度來提出多重迷走神經論。對我而言，第三階段開始於我升任「全職」教授十多年後，我將多重迷走神經論當成主席致詞介紹給心理生理學研究協會（Society for Psychophysiological Research）。所幸這個階段在學術界與應用臨床界兩方面的收穫都很可觀。

多重迷走神經論提出的工具，能解釋生理狀態做為影響行為及人我互動能力之中介變項的重要性，這個理論使我們理解，風險與威脅如何使生理狀態轉變為支持防禦的狀態。不僅如此，可能更重要的是，這個理論說明了**安全並非威脅的移除，安全感取決於環境與人際關係中的獨特信號**，它們會主動抑制防禦回路，提升健康與愛及信任的感受。

> 辨別安全與否的智慧，存在於我們對人與環境的內臟反應中。

安全的環境？——安全與生理狀態

以身體反應而非認知評估來定義時，安全與不同的環境特性有關。在批判意義上，要從適應生存的觀點來辨認安全時，那種「智慧」存在於我們體內，存在於在覺知範圍外運作的神經系統結構中，換句話說，在我們對人與地方的內臟反應中，我們對環境風險有何認知評估（包括如何辨認一段關係是否潛藏危險），僅僅是次要角色。

在多重迷走神經論中，評估環境風險而不引起覺知的神經過程稱為神經覺；與這個主題一致，挑戰身心健康、導致我們衰弱的事物往往被定義為壓力，並透過認知表現的改變來校準，但它們往往**並非取決於事件的物理特性，而是取決於我們的身體反應**。

面對挑戰時，我們的身體會如測謊器般運作，環境中的特性對某些人來說可能很自在，其他人卻可能對其驚恐不安。身為有責任感的人類、敏感的家長、好友、良師、臨床醫師，我們必須聆聽自己身體的反應，尊重他人的反應，以協助自我與他人在潛伏著危險的世界中前進，找到安全的環境與相互信任的關係。

我們的神經系統也有保護我們安全處世的相同特點，能提供醫師判斷病患狀態與需求的資訊。**我們有這種精良的能力，能從他人的聲調、臉部表情、手勢、姿勢中推知其狀態與意圖**，我們或許無法以言語明確說出這些訊息，但若仔細體會病患給我們的感受，就能啟發我們對他們的治療。

多重迷走神經論挑戰教育、法律、政治、宗教、醫學機構用來定義安全的參數。藉由將「安全」的定義，從在有圍籬、金屬探測器、監視監測的環境中建立的結構模型，轉移到評估自律神經狀態的神經調節如何變化；此理論挑戰我們關於治療成效的社會價值觀，它迫使我們質疑社會是否提供了充分而適切的機會，使人能體驗到安全的環境與彼此信任的關係。一旦我們體認到，我們在學校、醫院、教堂等社會機構中的體驗都具有一種特點——會對其中的人員進行長期評估，而此一特點會觸發危險與威脅等感受，我們就能看出這些機構對健康的損害，並不亞於政治動盪、金融危機或戰爭。

多重迷走神經論提出的神經生物學敘事⓬聚焦於「安全」的重要性，研究人們在偵測到風險時，其生理狀態、社會行為、心理經驗、適應後的健康狀態。多重迷走神經論將臨床障礙重新建構成「與關掉防禦策略、促進社會參與自動發生有關的特定回路出現了神經調節困難」，這個觀點與傳統學習模型不同，後者認為非典型行為是習得的，可以經由啟發自學習理論的治療來修正，而這類學習理論聚焦於聯想、削弱、習慣化。雖然並未排除藥理作用的介入，但多重迷走神經論不同於當代生物精神醫學，在生物精神醫學中，藥理作用的操控是主要的治療模式。

多重迷走神經論提出了互補模型的基礎，聚焦於理解並尊重生理狀態是一種「神經」框架，在這個框架上，各種類型的適應行為都能有效率地表達，舉例來說，不同的生理狀態會被連上理想的社會行為及有效率的防禦策略。

了解多重迷走神經論能協助臨床醫師意識到病患的生理狀態，將其生理狀態視為能決定患者一系列行為的重要因子，此外，此理論也能帶來以特定「神經練習」為基礎的新療法，從而改善自律神經狀態的調節。

安全感的生理價值——辨別安全的角色與生存的安全信號

做為一種演化功能，從爬蟲類到哺乳動物的轉變帶來了有能力辨認安全的神經系統，特別是能辨認哪些同種動物能接近並觸摸；這種適應技巧需要能關掉發展良好之防禦策略的神經機制，這類防禦策略是爬蟲類與其他較「原始」之脊椎動物的特徵。

哺乳動物這種辨認安全的需要，是受幾種生物需要所驅動。

首先，不同於哺乳動物那些已滅絕的遠古原始爬蟲類祖先，所有哺乳動物出生時都需要母親照顧。

其次，有幾種哺乳類物種，包括人類在內，都需要長期的社會相互依賴來存活，對這些哺乳類物種而言，**孤立是一種「創傷」，會嚴重影響健康**。因此，辨認安全環境與安全同種動物的能力，是哺乳動物要關掉防禦系統以養育並表達適當社交行為的要件。

第三，哺乳動物的神經系統需要安全的環境來執行各種生物功能與行為功能，包括生殖、餵奶、睡眠、消化等，這在懷孕與幼年時期等非常容易遭受攻擊的階段尤其重要。這種為促進特定生物功能而出現的安全需求，涉及了社交行為的表現與情緒的調節。

從原始已滅絕的爬蟲類到哺乳動物，這段系統轉換有幾種特定的神經生理變化都與社交行為及情感調節

⓬「敘事」意指在某個特定的情境、邏輯之下，詮釋事件的觀點或說法。

> 安全狀態不僅是社交行為的先決條件，也是觸動較高層腦部結構，使人產生創意與創作力的先決條件。

有關；與身心健康有關的觀察顯示，這些回路在危險與威脅生命的環境中無法觸發，在某些身心障礙中也往往無法妥善發揮功能。

多重迷走神經論強調，支持社交行為與情感調節的神經回路，只有在神經系統認為環境安全時才會觸發，而這些回路與健康、成長、復原有關。

安全在促進人於幾個領域發揮最大潛能上，扮演著重要角色。安全狀態不僅是社交行為的先決條件，也是觸動較高層腦部結構，使人能產生創意與創作力的先決條件。

然而，我們的教育、政府、醫療中心等機構，具有哪些能促進安全狀態的特性？我們的文化與社會在尊重個人的安全需要方面，最重視的是什麼？我們必須了解世上有哪些特性會破壞我們的安全感，也要明白**居住在不安全的世界中，會使人類的生活潛能付出何種代價。**就如我們了解自己面對危險與生命威脅時是脆弱的，我們也要開始尊重社交行為與社會參與系統在減弱防禦系統上的重要性，那讓我們能形成強力的社會連結，同時支持健康、成長、復原。

多重迷走神經論啟發了各種治療模型，使醫師能將身體反應與生理狀態理解成神經生理框架，可以在這框架上，將介入技術融入有效的治療模型中。**多重迷走神經論尊重心理、生理、行為反應是如何取決於生理狀態，它強調身體器官與腦部透過迷走神經與調節自律神經系統之相關神經的雙向溝通。**此理論提供了一種敘事觀點，說明演化如何修正人體調節自律神經系統，它的進一步發展，說明了哺乳動物如何透過演化遠離其脊椎動物遠親，發展出新的神經路徑，使其能發出安全信號並進行共同調節。

改變身體感受的入口——社會參與和安全

從多重迷走神經論的觀點來看，觀看、聆聽、目睹等相關的臨床互動，突顯了這個理論的相關要素：社會參與系統及來自身體器官的反饋——正是這種反饋促成了人們的主觀感受（也就是我們的各種心情狀態與情緒）。

在功能上，社會參與系統是一種神經路徑的集合，調節著頭部和臉部的橫紋肌，此系統會投射身體感受，它是改變身體感受的入口，從促進信任與愛的平靜、安全狀態，一路延伸到能激起防禦反應的脆弱狀態。

看與聽的動作掌握了社會參與系統的重要特質，因為看一個人的過程既構成了參與行為，也投射出觀察者的身體狀態，根據觀察者投射的身體狀態，被注視的人會感覺到注視者是歡迎他還是對他興趣缺缺。同樣的，感受與目睹病患，涵蓋著治療師對病患之社會參與行為的身體反應，以及治療師的交互參與行為所蘊含的身體感受投射。

在治療的當下觀看、聆聽、感受對方，這種透過情緒及身體狀態進行的社交互動，便是動態雙向溝通的範例之一。要讓社交互動支持彼此，促進生理狀態的共同調節，雙方的社會參與系統所表達的信號都必須傳達出安全與信任，而當這種情況發生時，不論是孩童與父母也好，成人伴侶也好，積極的參與者就能安全處於彼此的懷抱中，進入共享的主體間（intersubjective）經驗狀態，就好比輸入密碼打開密碼鎖，突然之間，所有的栓都到位，於是鎖就開了。

社會參與行為與生理狀態之間的連結，是已滅絕原始爬蟲類轉換為哺乳類時的演化產物。哺乳動物演化時，神經生理變化使牠們能發出信號，並偵測同物種之個體的情緒狀態，這項革新給了牠們能力，可發出信號以傳達出自己是否可安全接近、進行肢體接觸、創造社交關係；反之，如果牠們發出的信號反映出敵意或防禦，那其參與就能立即中止，而不會造成衝突或潛在傷害。

透過演化過程，界定社會參與系統並調節臉部表情、攝食、聆聽、發聲的神經與結構，與使心臟平靜下來、調降防禦的自律神經系統之神經路徑融合，這段演化過程將生理狀態連上產生（如臉部表情、發聲）並偵測（如聲音、味道）情緒特徵的回路，成為哺乳動物的決定性特徵。在功能上，身體狀態與臉部及聲音表情的整合連結，使同種動物能區分出表現危險與表現安全的信號，並在無法戰鬥或逃跑時裝死或顯得毫無生氣。這種連結身體狀態與臉部表情及發聲的雙向系統，為要求進行共同調節、並在共同調節遭破壞後以各機制來予以安撫並修復的社會溝通，提供了入口。

這種整合系統包括提供信號向對方表示可安全接近之頭臉部肌肉的神經調節。社會參與系統含有我們對安全的生物追求，以及連結另一方並共同調節彼此生理狀態的潛在生物命令；我們注視彼此的方式，是這種連結能力的決定性特徵，傳達著理解、共同感受、意圖的精細信號。

這些往往會隨著發聲語調或抑揚頓挫而共同變化的信號，也傳達著生理狀態，只有當我們處在平靜的生理狀態，才能傳達安全的信號給另一方；這些連結與共同調節的機會決定著關係的成功與否——無論是母子、父子還是其他關係。

> 安全感取決於自律神經狀態，安全的信號有助於安撫自律神經系統。

社會參與系統不僅是個人生理狀態的表達，或許也是偵測他人是覺得痛苦還是安全的入口，偵測到安全時，生理會平靜下來，偵測到危險時，生理會啟動防禦狀態。

結語——健康的關係能支持身心健康

多重迷走神經論使我們了解，安全感取決於自律神經狀態，安全的信號有助於安撫自律神經系統。生理狀態的平靜能促進創造安全與互信關係的機會，那些關係本身也會拓展共同調節行為與生理狀態的機會。這種調節「圈」界定著何謂健康的關係：**健康的關係支持著身心健康**。

在這種模型中，身體感覺（即自律神經狀態）的功能是做為中介變項，促使我們對他人做出反應，當處於交感神經活化的主動狀態下，我們是準備好要進行防禦，而不是要促進安全信號，或去正面回應安全信號，然而，自律神經狀態受腹側迷走神經路徑調節時，我們的社會參與系統會透過聲音與臉部表情協調安全信號，調降我們與他人身上的防禦狀態；人我之間的社會參與系統協調，能促進社會連結。

此理論使我們了解，治療模型不僅必須尊重身體感覺，也要支持最能達到正面人類經驗特徵的種種生理狀態。

多重迷走神經論使我們了解，與他人連結並共同調節是我們的生物命令。我們將這個生物命令體驗成對

安全的內在追求，只能透過成功的社交關係來達到，而在成功的社交關係中，我們共同調節彼此的行為與生理。我們思考安全感對人生的重要性時會領悟到，了解感受與觸發感受之信號的生理特徵，也許能引導我們改善關係，並為病患、家人、朋友提供支持，因此，要滿足人我連結的生物命令，我們的個人目標必須指向使個體感到安全。

參考書目及文獻

- Austin, M. A., Riniolo, T. C., & Porges, S. W. (2007). Borderline personality disorder and emotion regulation: Insights from the Polyvagal Theory. Brain and cognition, 65(1), 69-76.
- Borg, E., & Counter, S. A. (1989). The middle-ear muscles. Sci Am, 261(2), 74-80.
- Darwin, C. (1872). The Expression of Emotions in Man and Animals. London: John Murray.
- Descartes, R. (1637). Discourse on method and meditations (L. J. Lafleur, trans.). New York, NY: Liberal Arts Press. Original work published

- Hall, C. S. (1934). Emotional behavior in the rat: I. Defecation and urination as measures of individual differences in emotionality. Journal of Comparative psychology, 18(3), 385.

- Hering, H. E. (1910). A functional test of heart vagi in man. Menschen Munchen Medizinische Wochenschrift, 57, 1931–1933.

- Hughlings Jackson, J. (1884). On the evolution and dissolution of the nervous system. Croonian lectures 3, 4, and 5 to the Royal Society of London. Lancet, 1, 555-739.

- Lewis, G. F., Furman, S. A., McCool, M. F., & Porges, S. W. (2012). Statistical strategies to quantify respiratory sinus arrhythmia: are commonly used metrics equivalent?. Biological psychology, 89(2), 349-364.

- Ogden, P., Minton, K., & Pain, C. (2006). Trauma and the body: A Sensorimotor approach to psychotherapy. New York, NY: W. W. Norton & Co., Inc.

■ Porges, S. W. (1972). Heart rate variability and deceleration as indexes of reaction time. Journal of Experimental Psychology, 92(1), 103-110.

■ Porges, S. W. (1973). Heart rate variability: An autonomic correlate of reaction time performance. Bulletin of the Psychonomic Society, 1(4), 270-272.

■ Porges, S. W. (1985). U.S. Patent No. 4,510,944. Washington, DC: U.S. Patent and Trademark Office.

■ Porges, S. W. (1992). Vagal tone: a physiologic marker of stress vulnerability. Pediatrics, 90(3), 498-504.

■ Porges, S. W. (2003). The infant's sixth sense: Awareness and regulation of of bodily processes. Zero to Three: Bulletin of the National Center for Clinical Infant Programs 14:12–16.

■ Porges, S. W. (1995). Orienting in a defensive world: Mammalian modifications of our evolutionary heritage: A polyvagal theory. Psychophysiology, 32(4), 301–318.

■ Porges, S. W. (1998). Love: An emergent property of the mammalian autonomic nervous system. Psychoneuroendocrinology, 23(8), 837–861.

■ Porges, S. W. (2003). Social engagement and attachment. Annals of the New York Academy of Sciences, 1008(1), 31–47.

■ Porges, S. W. (2004). Neuroception: A Subconscious System for Detecting Threats and Safety. Zero to Three (J), 24(5), 19-24.

■ Porges, S. W. (2007). The polyvagal perspective. Biological Psychology, 74(2), 116–143.

■ Porges, S. W. (2011). The polyvagal theory: Neurophysiological foundations of emotions, attachment, communication, and self-regulation. Norton series on interpersonal neurobiology. New York, NY: W. W. Norton & Co., Inc.

■ Porges, S. W., & Lewis, G. F. (2010). .The polyvagal hypothesis: common mechanisms mediating autonomic regulation, vocalizations and listening. Handbook of Behavioral Neuroscience, 19, 255-264.

■ Porges, S. W., & Lewis, G. F. (2011). U.S. Patent Application No. 13/992,450.

■ Porges, S. W., Macellaio, M., Stanfill, S. D., McCue, K., Lewis, G. F., Harden, E. R., Handelman, M., Denver, J., Bazhenova, O.V., & Heilman, K. J. (2013). Respiratory sinus arrhythmia and auditory processing in autism: Modifiable def icits of an integrated social engagement system?. International Journal of Psychophysiology, 88(3), 261-270.

■ Porges, S. W., Bazhenova, O. V., Bal, E., Carlson, N., Sorokin, Y., Heilman, K. J., Cook, E. H. & Lewis, G. F. (2014). Reducing auditory hypersensitivities in autistic spectrum disorder: preliminary findings evaluating the listening project protocol. Frontiers in Pediatrics. doi:10.3389/ fped.2014.00080

■ Porges, S. W. & Raskin, D. C. (1969). Respiratory and heart rate components of attention. Journal of Experimental Psychology. 81:497–501

■ Siegel;. D. J. (1999). The developing mind. New York: Guilford.

■ Stewart, A. M., Lewis, G. F., Heilman, K. J., Davila, M. I., Coleman, D. D., Aylward, S. A., & Porges, S. W. (2013). The covariation of acoustic features of infant cries and autonomic state. Physiology & behavior, 120, 203-210.

■ Stewart, A. M., Lewis, G. F., Yee, J. R., Kenkel, W. M., Davila, M. I., Carter, C. S., & Porges, S. W. (2015). Acoustic features of prairie vole (Microtus ochrogaster) ultrasonic vocalizations covary with heart rate. Physiology & behavior, 138, 94-100.

■ Stern, J. A. (1964). Toward a definition of psychophysiology. Psychophysiology, 1(1), 90–91.

■ Woodworth, R. S. (1929). Psychology. New York, NY: Holt. Wiener, N. (1954). The human use of human beings: Cybernetics and society (No. 320) Da Capo Press.

其他多迷走神經理論參考文獻

- Bal, E., Harden, E., Lamb, D., Van Hecke, A. V., Denver, J. W., & Porges, S. W. (2010). Emotion recognition in children with autism spectrum disorders: Relations to eye gaze and autonomic state. Journal of autism and developmental disorders, 40(3), 358-370.

- Carter, C. S., & Porges, S. W. (2013). The biochemistry of love: an oxytocin hypothesis. EMBO reports, 14(1), 12-16.

- Dale, L. P., Carroll, L. E., Galen, G., Hayes, J. A., Webb, K. W., & Porges, S. W. (2009). Abuse history is related to autonomic regulation to mild exercise and psychological wellbeing. Applied psychophysiology and biofeedback, 34(4), 299-308.

- Flores, P. J., & Porges, S. W. (2017). Group Psychotherapy as a Neural Exercise: Bridging Polyvagal Theory and Attachment Theory. International Journal of Group Psychotherapy, 67(2), 202–222.

■ Geller, S. M., & Porges, S. W. (2014). Therapeutic presence: Neurophysiological mechanisms mediating feeling safe in therapeutic relationships. Journal of Psychotherapy Integration, 24(3), 178.

■ Grippo, A. J., Lamb, D. G., Carter, C. S., & Porges, S. W. (2007). Cardiac regulation in the socially monogamous prairie vole. Physiology & behavior, 90(2), 386-393.

■ Grippo, A. J., Lamb, D. G., Carter, C. S., & Porges, S. W. (2007). Social isolation disrupts autonomic regulation of the heart and influences negative affective behaviors. Biological psychiatry, 62(10), 1162-1170.

■ Heilman, K. J., Bal, E., Bazhenova, O. V., & Porges, S. W. (2007). Respiratory sinus arrhythmia and tympanic membrane compliance predict spontaneous eye gaze behaviors in young children: A pilot study. Developmental Psychobiology, 49(5), 531-542.

■ Heilman, K. J., Connolly, S. D., Padilla, W. O., Wrzosek, M. I., Graczyk, P. A., & Porges, S. W. (2012).

Sluggish vagal brake reactivity to physical exercise challenge in children with selective mutism. Development and Psychopathology, 24(01), 241-250.

■ Heilman, K. J., Harden, E. R., Weber, K. M., Cohen, M., & Porges, S. W. (2013). Atypical autonomic regulation, auditory processing, and affect recognition in women with HIV. Biological psychology, 94(1), 143-151.

■ Jones, R. M., Buhr, A. P., Conture, E. G., Tumanova, V., Walden, T. A., & Porges, S. W. (2014). Autonomic nervous system activity of preschool-age children who stutter. Journal of fluency disorders, 41, 12-31.

■ Kenkel, W. M., Paredes, J., Lewis, G. F., Yee, J. R., Pournajafi-Nazarloo, H., Grippo, A. J., Porges, S.W., & Carter, C. S. (2013). Autonomic substrates of the response to pups in male prairie voles. PloS one, 8(8), e69965.

■ Patriquin, M. A., Scarpa, A., Friedman, B. H., & Porges, S. W. (2013). Respiratory sinus arrhythmia: A marker for positive social functioning and receptive language skills in children with autism spectrum disorders. Developmental Psychobiology, 55(2), 101-112.

■ Porges, S. W. (1997). Emotion: an evolutionary by-product of the neural regulation of the autonomic nervous system. Annals of the New York Academy of Sciences, 807(1), 62-77.

■ Porges, S. W. (2001). The polyvagal theory: phylogenetic substrates of a social nervous system. International Journal of Psychophysiology, 42(2), 123-146.

■ Porges, S. W. (2003). The polyvagal theory: Phylogenetic contributions to social behavior. Physiology & Behavior, 79(3), 503-513.

■ Porges, S. W. (2005). The vagus: A mediator of behavioral and visceral features associated with autism. In ML Bauman and TL Kemper, eds. The Neurobiology of Autism. Baltimore: Johns Hopkins University Press, 65-78.

■ Porges, S. W. (2005). The role of social engagement in attachment and bonding: A phylogenetic perspective. In CS Carter, L Ahnert, K Grossmann K, SB Hrdy, ME Lamb, SW Porges, N Sachser, eds. Attachment and Bonding: A New Synthesis (92) Cambridge, MA: MIT Press, pp. 33-54.

■ Porges, S. W. (2009). The polyvagal theory: new insights into adaptive reactions of the autonomic nervous system. Cleveland Clinic journal of medicine, 76(Suppl 2), S86.

■ Porges, S. W. (2015). Making the world safe for our children: Down-regulating defence and up-regulating social engagement to 'optimise' the human experience. Children Australia, 40(02), 114-123.

■ Porges, S. W., & Furman, S. A. (2011). The early development of the autonomic nervous system provides a neural platform for social behaviour: A polyvagal perspective. Infant and child development, 20(1), 106-118.

■ Porges, S. W., Doussard-Roosevelt, J. A., Portales, A. L., & Greenspan, S. I. (1996). Infant regulation of the vagal "brake" predicts child behavior problems: A psychobiological model of social behavior. Developmental psychobiology, 29(8), 697-712.

■ Reed, S. F., Ohel, G., David, R., & Porges, S. W. (1999). A neural explanation of fetal heart rate patterns: A test of the Polyvagal Theory. Developmental Psychobiology. 35:108–118.

■ Williamson, J. B., Porges, E. C., Lamb, D. G., & Porges, S. W. (2015). Maladaptive autonomic regulation in PTSD accelerates physiological aging. Frontiers in psychology, 5, 1571.

■ Williamson, J. B., Heilman, K. M., Porges, E., Lamb, D., & Porges, S. W. (2013). A possible mechanism for PTSD symptoms in patients with traumatic brain injury: central autonomic network disruption. Frontiers in neuroengineering, 6, 13.

■ Williamson, J. B., Lewis, G., Grippo, A. J., Lamb, D., Harden, E., Handleman, M., Lebow, J., Carter, C. S., & Porges, S. W. (2010). Autonomic predictors of recovery following surgery: a comparative study. Autonomic Neuroscience, 156(1), 60-6

■ Yee, J. R., Kenkel, W. M., Frijling, J. L., Dodhia, S., Onishi, K. G., Tovar, S, Saber. M. J., Lewis, G.F., Liu, W., Porges, S.W., & Carter, C. S. (2016). Oxytocin promotes functional coupling between paraventricular nucleus and both sympathetic and parasympathetic cardioregulatory nuclei. Hormones and behavior, 80, 82-91.

授權來源

Chapter 1

This interview was revised by Stephen W. Porges for this book edition. The original was created in November 2011 as part of the Somatic Perspectives series (www.SomaticPerspectives.com).

Chapter 3

This interview was revised by Stephen W. Porges for this book edition. The original interview occurred in April 2011.

Chapter 4

This interview was revised by Stephen W. Porges for this book edition. The original interview occurred in April 2012. Copyright c by Stephen W. Porges & NICABM (National Institute for the Clinical Application of Behavioral Medicine, Storrs, CT). Website: www.nicabm.com

Chapter 5

This interview was revised by Stephen W. Porges for this book edition. The original interview occurred in February and March 2013. Copyright c by Stephen W. Porges & NICABM (National Institute for the Clinical Application of Behavioral Medicine, Storrs, CT). Website: www.nicabm.com

Chapter 6

This interview was revised by Stephen W. Porges for this book edition. The original interview occurred in March 2014. Copyright c by Stephen W. Porges & NICABM (National Institute for the Clinical Application of Behavioral Medicine, Storrs, CT). Website: www.nicabm.com

Chapter 7